Gut gelaunt – erfolgreich

Die erstaunliche Macht der Dankbarkeit

Katja Niedermeier

C.H.BECK

So nutzen Sie dieses Buch

Die folgenden Elemente erleichtern Ihnen die Orientierung im Buch:

Übungen und Beispiele

In diesem Buch finden Sie zahlreiche Übungen, mit denen Sie Ihren Alltag erfolgreicher gestalten können. Die Beispiele illustrieren das Gesagte.

Diese Kästen enthalten Merksätze und nützliche Tipps.

Auf den Punkt gebracht

Am Ende jedes Kapitels finden Sie eine kurze Zusammenfassung des jeweiligen Themas.

Ich widme dieses Buch meinem geliebten Mann und Weggefährten Christian, unserer erstaunlichen Tochter Betty, meinen wunderbaren Eltern Hilde und Willi und meiner persönlichen Blockadenlöserin Barbara Steldinger.

Inhalt

Vorwort

Erfolg und Zufriedenheit sind ohne Dankbarkeit weder das eine noch das andere. Wer sich auf seinem Erfolgsweg vom eigenen Ego antreiben lässt, muss angreifen, taktieren und kämpfen, während jene, die sich von ihrem Selbst führen lassen, großzügig und schmunzelnd dasselbe Ziel gelassener und schneller erreichen.

Es heißt, es gäbe kein Geheimrezept für Erfolg. Das stimmt nicht ganz: Es gibt sehr wohl ein Rezept – aber geheim ist es nicht. Die Basiszutat fürs Gelingen der Übung ist Zufriedenheit mit dem, was um Sie herum stattfindet oder eben gerade nicht stattfindet.

Alles beginnt mit einem alten Hut, der da heißt: „Erfolg beginnt im Kopf". Haben Sie nämlich Ihr Gehirn auf etwas anderes als „Erfolg" programmiert, werden Sie auf Dauer auch etwas anderes erhalten. Eine disziplinierte und geschulte mentale Ausrichtung ist definitiv der erste Schritt. Aber: Sollten Sie nur bei der mentalen Fokussierung bleiben und Herz und Seele nicht miteinbeziehen, laugen Sie sich oder jemand anderen über kurz oder lang aus. Und dann ist das Unternehmen „Erfolg" entweder zum Scheitern verurteilt oder nur auf einen einzigen Lebensbereich beschränkt.

Es ist sicherlich so, dass Sie bis zu einem gewissen Grad erfolgreich sein können, ohne dass Ihre berufliche Tätigkeit Ihre absolute Herzensangelegenheit ist. Jedoch ist Ihr Erfolg dann limitiert – qualitativ, quantitativ und/oder zeitlich. Oder er ist für Sie erst gar nicht wahrnehmbar und die Fröhlichkeit bleibt auf der Strecke. Es ist die Kombination aus Fachkompetenz, Weiterbildung, mentalem Training, positiver innerer Grundeinstellung, Gelassenheit, Ethik, Mut und Leidenschaft, die wahren und dauerhaften Erfolg ermöglicht, ja regelrecht anzieht.

Mit diesem Ratgeber halten Sie nicht etwa einen Karriere-Knigge in der Hand, sondern ein Buch voller Denkanstöße und Übungen, mit denen Sie Ihre Persönlichkeit erfolgreich formen und wachsen lassen. Und spürbares Wachstum schafft Wohlbefinden, sprich: gute Laune. Ich stelle Ihnen mein persönliches „Vier-Stufen-Programm" für Zufriedenheit und Erfolg vor. Es besteht aus dem Erfolgsbewusstsein (Basis), dem aufrichtigen Enttarnen von Bedürftigkeiten (Stufe 1), dem Ausmisten hinderlicher Strukturen (Stufe 2) und dem Stärken der eigenen Persönlichkeit (Stufe 3) und der Integration des „karnischen Erfolgskatapults" (Stufe 4). Jede dieser Stufen braucht eine gewisse Zeit und erfordert aktives Mitmachen. Alles, was ich Ihnen in diesem Buch erzähle, basiert auf meinen eigenen Erfahrungen. Alle Sichtweisen und Übungen, die sich im Laufe meines Arbeitslebens als förderlich für autarkes, kreatives Arbeiten mit erfreulichem Wachstum erwiesen haben, teile ich mit meinen Privatklienten und Workshop-Teilnehmern, und an einer Auswahl davon lasse ich nun auch Sie teilhaben. Ich wünsche Ihnen, dass Sie von der Lektüre und den Anregungen profitieren.

Ihre Katja Niedermeier

Die Basis: Erfolgsbewusstsein prüfen

Mit dem Erfolg ist es wie mit einer Pferdeherde: Um ihn mühelos und fröhlich pfeifend lenken zu können, ist es erforderlich, dass Sie ein vertrauenswürdiges, verlässliches und integres Leittier mit entschlossenem Handeln und innerer Größe sind.

Ganz egal, wie Sie Erfolg für sich definieren mögen, eines ist sicher: Was immer Sie anpacken – und seien es die alltäglichsten Dinge – Sie möchten, dass es Ihnen gelingt. Wenn alles klappt, dann fühlt es sich gut an. Misslingt Ihnen aber etwas, so fühlen Sie sich schlecht – und ein beeindruckender Titel auf Ihrer Visitenkarte tröstet Sie in dem Augenblick wenig.

Stellen Sie sich vor, Sie wachen morgen früh auf und es ist nur noch das vorhanden, was Sie heute dankend wahrgenommen haben. Was wäre übrig? Ohne dankbares Wahrnehmen kann sich keine wirkliche Fröhlichkeit einstellen. Und wenn beides fehlt, stecken Sie in einer Gedanken-, Handlungs- oder Gewohnheitsschleife, die wie eine Barrikade zwischen dem natürlichen und automatischen Erfolg und Ihnen steht.

Der stärkste Erfolgsmagnet heißt „Dankbarkeit".

!

Ich möchte Ihnen ein Gespür für wahren und dauerhaften Erfolg vermitteln und Wege dorthin aufzeigen. „Erfolg" bedeutet immer ein Leben in Fülle und Erfüllung, freudiges Herzklopfen und ein Gefühl von Freiheit und Selbstbestimmtheit.

Vor etlichen Jahren durfte ich erleben, wie frustrierend und schier beängstigend es sein kann, wenn selbst größte Anstrengungen nur bedingt von geschäftlichem Erfolg gekrönt sind. Zwar waren die Auftraggeber zufrieden, aber es waren zu wenige. Allerdings hatte ich auch die Grenze meiner zeitlichen Kapazität erreicht und fühlte mich von meinem Tun erschöpft und genervt. Umdenken war angesagt. Ich strukturierte das Unternehmen „Ich" komplett um: Der kritische, abwägende, vorsichtige Verstand mit all seinen Mustern, Marotten und Methoden musste den Chefsessel für die völlig unterforderte Intuition räumen und ist nun, nach einer gewissen Eingewöhnungsphase, ein wunderbarer, höchst motivierter Mitarbeiter. Der Wechsel fiel ihm zwar schwer und sein Stolz war mächtig angekratzt. Jawohl, er wehrte sich heftig gegen diese Entscheidung und produzierte fleißig Zweifel und kreierte Fallstricke en masse, über die ich permanent zu hüpfen hatte. Doch die Intuition wurde lauter und setzte sich durch, sodass es mit der Teamarbeit seit einigen Jahren bestens klappt! Inzwischen weiß ich, wie wohltuend und gesund es ist, wenn die Zahnräder spielend ineinandergreifen, wenn die Dinge fast wie von selbst laufen und stetiges Wachstum ganz natürlich dazugehört. Ich finde, so sollte es für jeden sein!

Die Macht der Gewohnheit

Das, was wir im Alltag erleben, ist immer eine Konsequenz unserer täglichen Gewohnheitsketten. Wenn es Ihnen also an Unbeschwertheit oder Erfolg oder an beidem mangelt, dann ändern Sie ein paar Ihrer Gewohnheiten. Finden Sie umgehend heraus, welche das sein sollten. Beginnen Sie am besten mit der Gewohnheit, deren Änderung Ihnen am unbequemsten erscheint. Ändern Sie zum Beispiel …

- Ihre bisherige Art zu denken und Ihre Wortwahl,
- Ihre täglichen Rituale und Ihr Konsumverhalten,
- das, was Sie für gewöhnlich essen und trinken,
- Ihre vertrauten Sichtweisen und Blickwinkel,
- Ihre weniger charmanten Marotten,
- Ihr Wissen über Finanzen und Ihren Umgang mit Geld,
- die Qualität und Quellen Ihrer Informationen,
- die Art, wie Sie mit anderen tagtäglich umgehen,
- die Urteile, die Sie lapidar über andere fällen,
- Ihre eingefleischte Arbeitsstruktur und Ihre Arbeitsmoral,
- die sich daraus ergebende Menge an Glück, Wohlstand, Gesundheit, Beziehungen und Erfolg von innen heraus!

Sobald Sie auch nur eine einzige dieser Gewohnheiten neu ausrichten, verbessert, erleichtert und optimiert sich etwas in mindestens einem der fünf Bereiche, die ich im letzten Punkt erwähnt habe. Wenn Sie sich dazu entscheiden und sich daran gewöhnen, jederzeit (mit kleinen, unbedeutenden Ausnahmen natürlich) wohlgesinnt, zuversichtlich und motiviert zu bleiben, können Sie sich auch direkt daran gewöhnen, mühelos erfolgreich zu sein. Denn das eine vollzieht sich niemals ohne das andere.

Win-win-Power

Erfolg auf Kosten anderer, Feilscherei mit qualifizierten Dienstleistern und ein Schnäppchen, für das ein anderer am Ende der Lieferkette den Preis zahlen muss, ist kein Erfolg, sondern (Selbst-)Betrug. Sie betrügen sich um Ihre eigene Wertschätzung, wenn Sie davon ausgehen, dass Sie sich nur mit Tricks und vermeintlicher Schläue Vorteile gegenüber anderen erschleichen bzw. ein wenig Budget einsparen können, während jemand anderes für Sie draufzahlt. Ein Sieg unter diesen Voraussetzungen geht vielleicht mit einem kurzen High einher, jedoch niemals mit länger anhaltendem Wohlbefinden. Sobald das High vorüber ist, stellt sich Hunger nach mehr ein. Sie entwickeln Bedürftigkeit.

Es ist völlig unsinnig, Erfolgen hinterherzujagen in dem Glauben, durch sie glücklicher zu werden, denn Erfolg ist eine natürliche Begleiterscheinung von Glück. Glück und Zufriedenheit sind wiederum nur erlebbar, wenn das Innenleben stimmt: die geistige Haltung samt Herzenswärme und Großzügigkeit. Die Erfahrung hat mich gelehrt, dass das Innen vor dem Außen kommt: Sie müssen zuerst Ihr Innenleben aufräumen und auf Freude, Fülle und Ethik programmieren, bevor sich Erfolg mühelos und deutlich in Ihrem Leben zeigt. Wenn Sie nicht wissen, wie Glück funktioniert, können Sie noch so gute Bilanzen abliefern – Sie werden Ihren Erfolg als solchen nicht wahrnehmen. Und ohne gewisse ethische Prinzipien sind weder Glück noch Erfolg von langer Dauer.

! Erfolg folgt!

Haben Sie sich schon einmal gefragt, warum sich gut betuchte Menschen karitativ einsetzen, Stiftungen gründen und als Mäzene fungieren? Ich könnte wetten Ihre Antwort lautet: „Weil's gut für's Image ist!“ oder „Weil die das Geld / die Zeit eben übrig haben!“ – Da liegen Sie zwar nicht komplett daneben, allerdings würde ich Ihre Aussagen ergänzen wollen. Diese Leute tun das, weil sie tief in ihrem Inneren genau wissen, dass es ruck-zuck vorbei sein kann mit Reichtum und Wohlstand, und zwar unter anderem, wenn man wie ein Geier auf seiner Beute sitzen bleibt und nichts abgibt oder aber sich trickreich Vorteile verschafft – die Presse ist randvoll mit entsprechenden Stories.

Seit Generationen wird in erfolgreichen Familien das Prinzip des dankbaren Annehmens und großzügigen Gebens weitergereicht. Es ist nichts Besonderes. Es gehört sich so. Es ist eine Geisteshaltung. Das Nehmen ist Gewohnheit und das Geben ist Gewohnheit. Das ist jedoch nicht alles. Grosszügig zu spenden und sich ehrenamtlich zu engagieren birgt ein enormes Glückspotential, und zwar für beide Seiten. Win-Win-Power eben. Und Glück zieht nun einmal weiteres Glück an. Fragen Sie mich nicht, wie es funktioniert, aber sehen Sie sich um: die Büchereien sind pickepacke voll mit Lektüre zum Prinzip Resonanz und ich hab's darüber hinaus getestet. Ich kann Ihnen wirklich aus tiefster Überzeugung sagen: sobald Sie anfangen, großzügig auf allen erdenklichen Ebenen zu denken, werden Sie sich plötzlich auch irgendwie großzügig fühlen und ehe Sie sich versehen, ertappen Sie sich dabei, wie Sie großzügig handeln. Und wissen Sie was dann passiert? Türen gehen auf. Wie von Zauberhand. Ideen spriessen, die Motivation nimmt zu. Sie sind mühelos fokussiert und gleichzeitig entspannt. Sie freuen sich auf das nächste Mal, geben zu können und das nächste Mal stellt sich alsbald ein! Das mag Ihnen ein wenig romantisch-zufällig und etwas albern vorkommen, aber ich persönlich denke und benehme mich lieber romantisch-albern und habe mühelos Erfolg damit als dass ich ständig cool-faktisch bin und mich für jeden Euro abmühen muss.

Erfolg bedeutet Freiheit

Manch einer steht sich beim Unternehmen „Erfolg" selbst im Weg, und zwar aufgrund von gewissen Einstellungen oder unbewussten hinderlichen Überzeugungen (Glaubenssätzen). Manche Leute finden, dass dem Begriff „Erfolg" etwas Profanes, ja fast Unanständiges anhaftet. Für manche klingt dieses Wort nach nackten Zahlen, Profitgier, steifem Anzug, Präsentationen, Business-Lunch oder nach hektischer Karriereleiter, Hamsterrad und Workaholismus. Falls Sie sich hier wiedererkennen, verspreche ich Ihnen, dass Sie wahren Erfolg mit etwas verwechseln, das vielleicht ähnlich aussieht, aber bei genauerer Betrachtung etwas vollkommen anderes ist. Wahrer Erfolg geht mit einem Gefühl angenehmer Weite und Freiheit einher. Er ist der natürliche Begleiter einer großen, freiwilligen Verantwortungsbereitschaft gepaart mit Integrität. Dazu gehört der vertrauensvolle Wagemut, aus der Masse herauszutreten und womöglich dafür kritisiert, belächelt oder angezweifelt zu werden. Wahrer und dauerhafter Erfolg fühlt sich so gut, so richtig und so wohl an, dass er sich positiv auf Gesundheit und Ausstrahlung auswirkt. Nein, Erfolg hat de facto nichts mit Workaholismus zu tun, sondern mit der Lust am Sein, der Liebe zum Detail und dem reinen Spaß an der Freude.

> **!** Erfolg ist frei, Karriere ist abhängig.

Erfolg zu haben geht sicherlich mit der freiwilligen Übernahme von Verantwortung einher, allerdings auch mit eben diesem Gefühl der Freiheit. Sie können sich als erfolgreiche Person nämlich alles Mögliche erlauben: unorthodoxe Entscheidungen, Fehltritte und Patzer, Annehmlichkeiten, Genüsse, Unverblümtheit und Gestaltungsspielraum – der Erfolg gibt Ihnen einfach Recht. Sobald sich Ihre Arbeit nicht mehr als solche anfühlt und mit herrlichen Erlebnissen und Ergebnissen einher geht, dann erschaffen Sie sich automatisch damit auch die Möglichkeit, die Rahmenbedingungen für Ihr Tun zu gestalten. Und damit sind wir auch schon bei der wichtigsten Aufgabe von uns Menschen: wachsen und kreieren.

Wachsen Sie und erschaffen Sie Neues. Dann machen Sie alles richtig.

Falls Ihnen das Korsett in dem Sie vielleicht gerade noch stecken zu eng geworden ist oder zu eng zu werden droht, dann treffen Sie noch heute eine Entscheidung: Gehen Sie nach links oder gehen Sie nach rechts? Links geht es zum Karriere-Korsett, rechts geht es in Richtung Erfolgs-Freiheit.

Das Ego und das Selbst – ein feiner Unterschied

Das Ego mit all seinen Befindlichkeiten hat ein breites Kreuz und lässt wahren Erfolg gerne am ausgestreckten Arm verhungern. Alles beginnt mit dem Erkennen und Akzeptieren, dass es einen Unterschied zwischen „Selbstbewusstsein" und dem, was ich „Egobewusstsein" nenne, gibt.

Das **Egobewusstsein** befeuert Emotionen bzw. Charakterzüge wie Kleinlichkeit, Argwohn, Zweifel, Misstrauen, Angst vor Blamage, Kritik, innerer Widerstand, Abwehrhaltung, Hochmut, Sorge, Unachtsamkeit, Konkurrenzdenken, Narzissmus und dergleichen. Das **Selbstbewusstsein** hingegen kreiert

Gefühle wie Zuneigung, Nachsicht, Güte, Großzügigkeit, Dankbarkeit, Vertrauen, Interesse, Aufgeschlossenheit, Hilfsbereitschaft, Grenzenlosigkeit, Freiheit, Lust, Hingabe, Liebe, Aufmerksamkeit, Achtsamkeit, Demut und Humor. Wer dies zu unterscheiden weiß, hat die Wahl ohne Qual.

Da das, was Sie bewusst oder unbewusst aussenden und austeilen, vielfach potenziert zu Ihnen zurückkehrt („What goes around comes around" – das Gesetz der Resonanz), halte ich es für wichtig, das eigene Selbstbewusstsein täglich mit kleinen Selbstreflexionen, kurzen Übungsroutinen und wohltuenden Gedanken und Inspirationen zu stärken. Integrieren Sie die Hygiene für Geist und Seele genauso in Ihren Tagesablauf wie die Ihres Körpers. Krempeln Sie also die Ärmel hoch und schauen Sie sich im Folgenden an, was Sie tun können, um täglich ein klein wenig mehr zu strahlen und zu brillieren.

Diese drei Kapitel, die Sie soeben gelesen haben, dienen als Basiswissen und als Basiseinstellung zu Ihrem Erfolg. Verinnerlichen und verankern Sie die Inhalte: Grosszügigkeit, Freiheit, Dankbarkeit & das Selbst. Das Selbst strebt außerdem Aufrichtigkeit und Anstand. Beides Kaufmannstugenden, die zum Erfolg und zum Wachstum unweigerlich dazu gehören.

Auf den Punkt gebracht

Erfolg bedeutet Freiheit und er folgt einer gesunden, schönen und erfüllten inneren Einstellung. Eine positive Geisteshaltung fördert das Selbstwertgefühl, das sich auf Ihre Ausstrahlung niederschlägt und sich auch in Ihrem Führungsstil zeigt. Ändern Sie Ihre Gewohnheiten und verteilen Sie den Begriff „Hygiene" zu gleichen Teilen auf Körper, Geist und Seele.

Stufe 1: Bedürftigkeit enttarnen, Fülle anlocken

Erfolg und Unbeschwertheit basieren niemals auf dem Gefühl der Bedürftigkeit. Es manifestiert sich im Leben nur das dauerhaft, worauf vermehrt die Aufmerksamkeit liegt. Sind die Themen „Erfolg" und „Zufriedenheit" nicht dabei, bleiben sie fern.

In diesem Kapitel geht es um die eigene unterschwellige Bedürftigkeit und wie sie Ihnen immer wieder Steine in den Weg legt. Wünsche und Träume zu haben, ist das eine, aber daraus eine Bedürftigkeit abzuleiten, wirkt sich als immense Blockade aus. Diese Blockade macht sich in Form eines gewissen Mangels bemerkbar, der sich ironischerweise in genau dem Bereich zeigt, in dem Sie ihn am allerwenigsten gebrauchen können: Selbstwert, Finanzen, Beruf, Beziehungen, Gefühle.

Es mag wie eine wahre Kunst erscheinen, innere Zufriedenheit zu empfinden, auch wenn die aktuelle Situation alles andere als rosig ist. Aber: Was ich kann, können Sie auch.

Jeder hat das Zeug dazu, ein solcher Künstler zu sein. In diesem Buch unterstütze ich Sie darin, diese Kunst zu erlernen, Ihren persönlichen Stil zu entwickeln und diesen zu verfeinern. Etwas vom Leben vorenthalten zu bekommen, ohne beleidigt, gekränkt oder verletzt zu sein, sorgt für Wachstum im Inneren, und dieser zeigt sich Ihnen im Äußeren anhand entsprechender Umstände.

Die richtige Einstellung

Lektion 1

Eine widrige oder stockende Lebens- oder Arbeitssituation ist ein perfektes Szenario zum Üben und um das Thema (persönliches) Wachstum ins Business zu integrieren. Heißen Sie die aktuelle Situation, so wie sie sich Ihnen gerade darstellt, zunächst einmal herzlich willkommen – auch wenn es schwerfällt. Wie das gehen soll, wenn die Situation ausweg- und perspektivlos erscheint, fragen Sie? Fragen Sie das aus aufrichtigem Interesse oder mit einem empörten Ausrufezeichen hinter dem Fragezeichen? Für diejenigen, die es interessiert: Es geht folgendermaßen – und machen Sie diese Übung bitte sofort und mit der Absicht, die aktuelle Ist-Situation akzeptieren zu lernen. Erst danach lesen Sie weiter.

Übung: Einverstanden sein mit dem, was ist

Schließen Sie die Augen, atmen Sie tief ein, halten Sie die Luft kurz an und atmen Sie durch den Mund wieder aus. Spüren Sie, wie Ihre Füße flach auf dem Boden stehen, und nehmen Sie die Erdanziehung wahr. Lassen Sie Ihre Schultern herabsinken und lassen Sie Wangen und Bauch entspannt hängen.

Das ist schon alles, denn Sie haben diese Übung mit wohlwollender Absicht gemacht. Auf Ihr Motiv kommt es an! Auf Ihre innere Geisteshaltung!

Lektion 2

Alles, was Sie glücklich und zufrieden machen kann, ist bereits fest in Ihnen verankert – ob Sie das gerade glauben können oder nicht. Es sind lediglich die alten Gewohnheiten, die Sie von Ihren wohltuenden Ressourcen ablenken. Nur weil Sie das optimale Szenario gerade nicht wahrnehmen (sehen, fassen, fühlen) können, bedeutet das nicht, dass es nicht da ist. Sie kennen das sicher: Sie suchen etwas und können es nicht finden, obwohl es direkt vor Ihrer Nase liegt.

Auch hierfür gibt es eine schöne Übung:

Übung: Ressourcen aktivieren

- *Stellen Sie sich hin, Füße hüftbreit und fest am Boden. Stellen Sie sich vor, Sie stünden auf einem schwarzen, modrigen Fleck. Denken Sie an etwas Unangenehmes. Spüren Sie, wie Ihr Körper darauf reagiert, wie er schwerer wird und sich zusammenzieht. Verharren Sie ein paar Sekunden in dieser üblen Stimmung.*

Machen Sie das erst einmal – dann lesen Sie weiter.

- *Aus der „Modriger-Fleck-Situation" heraus heben Sie leicht das Kinn und stellen sich vor, über Ihrem Kopf befände sich ein strahlendes, gleißend helles Licht, das Ihre Schultern angenehm wärmt. Dieses Licht ist magnetisch und zieht Sie hoch. Richten Sie Ihre Gedanken jetzt auf etwas Schönes. Erinnern Sie sich. Zur Not denken Sie sich ein herrliches, befreites und sorgloses Idealszenario aus. Spüren Sie, wie Ihr Körper auch hierauf reagiert. Sie können mehr Leichtigkeit und Weite empfinden. Verharren Sie erneut für ein paar Sekunden in dieser Stimmung.*

Nun kombinieren Sie A und B mit einander:

- *Wechseln Sie jetzt wieder zum unangenehmen Thema und zu dem modrigen Fleck unter Ihren Füßen und lassen Sie Ihre Stimmung getrost sinken. Danach heben Sie wie-*

der das Kinn, spüren das magnetische Licht und denken an etwas Schönes. Machen Sie dieses Hin und Her mehrere Male hintereinander, und zwar so oft und so lange, bis es Ihnen immer schwerer fällt, in die unangenehme Tiefe zu gelangen, bis Sie also eine Art „Gute-Laune-Puffer" verspüren.

Jetzt kommt abschließend Ihr Herz hinzu:

- *Beenden Sie diese Übung damit, dass Sie aufhören, sich gedanklich irgendetwas vorzustellen, und spüren Sie stattdessen Ihren Herzschlag. Lassen Sie sich Zeit. Sie können gerne Ihre Hand aufs Herz legen, wenn es Ihnen dann leichter fällt, Ihren Herzschlag wahrzunehmen.*

Lächeln Sie!

- *Stellen Sie sich nun vor, Ihr Herz würde immer größer und größer. Es dehnt Ihren Brustkorb regelrecht aus. Plötzlich ist das Herz nicht mehr in Ihnen, sondern es umgibt Sie. Spüren Sie diese Geborgenheit. Lassen Sie Ihr Herz ganz weit werden, sodass es den kompletten Raum ausfüllt, in dem Sie gerade stehen. Beenden Sie diese Übung mit einem „Danke".*

Machen Sie diese Übung ein paar Wochen lang täglich, um danach schnell und zuverlässig an Ihre bestärkende Quelle heranzukommen, wann immer Sie einen Push aus eigener Kraft brauchen. Wenn Sie sich vier bis fünf Wochen disziplinieren, muss Ihr Gehirn nicht mehr so lange nach dieser Ressource suchen.

Sobald Sie also den Eindruck haben, dass es Ihnen an etwas fehlt, übersieht Ihr Innerstes etwas Wesentliches. Es geht lediglich um die Wahrnehmung. Das, was Sie glauben zu „brauchen", liegt in Wirklichkeit schon greifbar vor Ihnen

– selbst wenn es sich dabei um Geld handelt. Aber dazu komme ich später noch.

Wenn Sie passiv in Ihrem Bedürftigkeitsmodus verharren, spiegelt sich Ihre „Ich-brauche"-Überzeugung im Äußeren wider, und zwar in Form von freudlosen Umständen, widrigen Situationen, unangenehmen Begegnungen. Sehen Sie diesen Spiegel als Hilfestellung. Sie fühlt sich zwar ungemütlich an, gibt Ihnen jedoch die Möglichkeit, wieder genauer in sich hineinzusehen und zu wachsen. Jammern und klagen Sie also nicht, sondern modellieren und kreieren Sie neu. Benutzen Sie dazu die beiden bereits beschriebenen Übungen.

Wachstum geschieht immer erst im Inneren und dann im Äußeren. !

Überlegen Sie nun: Was müsste sich magnetisch von Ihnen angezogen fühlen, damit Sie sich noch wohler, sicherer, besser gelaunt, akzeptierter, geliebter und satter fühlen können? Ist es Selbstbestimmtheit? Oder ist es Geld? Ist es die Beförderung? Der Chefsessel oder der Doktortitel? Was immer es ist, gehen Sie davon aus, dass die Ressource, die Quelle dafür bereits in Ihrem Energiesystem verankert ist und sich Ihnen mühelos offenbaren kann, sobald es für Sie förderlich ist, sprich: sobald Sie einen ganz bestimmten Schritt in Ihrer persönlichen Entwicklung vollzogen und etwas Neues, Entscheidendes begriffen haben. Solange sich Ihnen das Erwünschte nicht offenbart, fehlt es Ihnen noch an einer entscheidenden Erkenntnis oder einer bestimmten inneren Einstellung, und dieses Mosaiksteinchen gilt es zu finden. Bei manch einem ist es einfach nur die bloße Bereitschaft, Geduld aufzubringen.

> **!** Erfolg basiert niemals auf Bedürftigkeit, sondern ist das Resultat von gelebter, selbst kreierter, empfundener Fülle.

Im Folgenden gehe ich auf unterschiedliche „Mangelerscheinungen" ein, die sich der Kombination aus Freiheit, Glück und Erfolg gerne in den Weg stellen. Nicht alle werden auf Sie zutreffen, oder auf den zweiten Blick etwa doch?

Ihr Mangel: Selbstwert

Um Ihr Erfolgspotenzial leben zu können, müssen Sie sich wertschätzen und wertvoll fühlen. Sie müssen sich Ihres Wertes für diese Welt bewusst werden. Gefühlte Minderwertigkeit ist eine Illusion, denn es existiert kein Wertunterschied zwischen den Lebewesen dieser Erde. Sollten Sie jemals mit jemand anderem tauschen wollen, weil dieser andere glücklicher, zufriedener, reicher, berühmter und erfolgreicher ist als Sie, dann machen Sie sich bewusst, dass Sie keine Ahnung haben, wie es in seinem Inneren aussieht. Sie wissen nicht, welche Sorgen und Ängste er hat und welchen inneren Zwängen er unterliegt. Machen Sie sich klar, dass Sie sich in keinem anderen Leben wohler fühlen könnten als in Ihrem eigenen – und dass im Gegenzug dazu niemand in der Lage wäre, mit Ihrem Leben so zurechtzukommen wie Sie. Jeder andere wäre schon längst gescheitert! Aber Sie sitzen hier und lesen dieses Buch. Gut so.

Der Baum

Stellen Sie sich einen Baum vor, der voller Blätter hängt. Fällt eines der Blätter ab, wird es durch ein neues ersetzt, doch das abgefallene Blatt ist nicht einfach weg. Es geht zurück in den Kreislauf und es bleibt Teil des Ganzen. Ohne dieses Blatt wären der Baum und sein Lebenskreislauf unvollständig. Auf diese Weise hat jedes einzelne Blatt seine Aufgabe, seine Berechtigung und seinen Wert. Kein Blatt ist wichtiger als ein anderes. Und sollte ein Blatt einem anderen Blatt die Läuse wünschen, wäre es früher oder später selbst von diesen betroffen.

Mit der Gemeinschaft, dem Team, der Welt ist es wie mit diesem Baum.

Empfundene Minderwertigkeit ist eine Illusion, die zumeist auf einem einzigen Satz fußt, dessen Inhalt falsch ist. Wir alle wachsen mit gewissen Prägungen aus der Kindheit auf. Unser Gehirn nimmt über die Jahre viele Eindrücke auf, verarbeitet und interpretiert diese und beginnt irgendwann, bestimmte Sätze zu bilden, an die wir glauben – sogenannte Glaubenssätze. Je öfter wir diese Sätze denken und ihnen Glauben schenken, desto breiter, befestigter und bequemer wird die „Gehirnstraße", auf der sich dieser Satz bewegt.

Lesen Sie einmal die nachfolgenden Aussagen. Kommt Ihnen eine davon vertraut vor und versetzt sie Ihnen vielleicht sogar einen kleinen Stich?

- Was ich zu sagen habe, ist nicht wirklich interessant.
- Ich bin nicht schlau/clever/gebildet/informiert genug.
- Ich kann mich nicht gut durchsetzen. Keiner hört auf mich.

- Was leiste ich denn schon Nennenswertes?
- Eigenlob stinkt.
- Der Esel nennt sich selbst zuerst.
- Jeder ist ersetzbar.
- Ich nehme mich nicht wichtig.
- Das kann/verstehe ich nicht – dazu bin ich zu doof.

Sollte ein derartiger Satz oft in Ihrem Kopf herumspuken, probieren Sie einmal das hier:

Übung: Den einen Satz umkehren

Machen Sie sich diesen einen Satz, der Sie runterzieht, zunächst bewusst und kehren Sie ihn ins exakte Gegenteil um. Beispiel: „Ich bin nicht kompetent genug" wird zu „Ich bin kompetent genug". Oder „Ich sollte ehrgeiziger sein" wird zu „Ich sollte nicht ehrgeiziger sein". Wiederholen Sie diesen umgekehrten Satz einige Minuten lang immer wieder laut und beobachten Sie, was dabei mit Ihnen passiert. Hören Sie nicht eher auf, dieses „Mantra" vor sich hin zu beten, bis Sie eine Veränderung in sich spüren, was in der Regel spätestens nach zehn Minuten passiert, meistens jedoch früher. Noch während Sie diese neue Aussage vor sich hin sprechen, werden Ihnen peu à peu Beispiele einfallen, die den Wahrheitsgehalt dieses neuen, umgedrehten Satzes untermauern.

Wenn Sie sich nun im Beruf in Situationen wiederfinden, in denen Sie den Eindruck bekommen, XY wäre Ihnen überlegen, dann liegt es daran, dass Sie auf eine Illusion, eine selbst kreierte Scheinwelt hereinfallen und XY freimütig das Recht einräumen, überlegen zu sein. Und das wiederum ist für XY durchaus spürbar. Er oder sie wäre ja geradezu töricht, von diesem Recht keinen Gebrauch zu machen! Es mag denjenigen vielleicht verwundern oder gar etwas irritieren, und doch wird er diesen Vorsprung gerne annehmen. Jemand anderer würde XY dieses Recht vielleicht nicht zugestehen – und dementsprechend würde ihm XY auch nicht zu nahe treten.

Nicole R., Head of Communication

Ich saß kürzlich mit einer Dame im Debriefing-Meeting, bei dem es um das gelaufene Interviewtraining ging. Wir kennen uns schon recht lange und gerieten ins Plaudern. Sie erwähnte im Nebensatz, dass sie sich manchmal nicht ganz auf Augenhöhe mit anderen Menschen fühle, gerade wenn diese äußerst erfolgreich seien. Sie wisse zwar, dass sie selbst auch durchaus erfolgreich war, empfände dies jedoch als Konsequenz ihres Fleißes und einiger glücklicher Fügungen. Dass Sie dabei über eine ausgesprochen verlässliche Intuition verfügte, der sie auch noch blind zu vertrauen schien, war ihr nicht bewusst. Die Soft Skills, die sie mitbrachte, nämlich die Fähigkeit, klar und eloquent zu kommunizieren, ihre offene und herzliche Art und ihr umwerfender Humor, waren ihre Natur, die sie daher als selbstverständlich und wenig erwähnenswert ansah. Ihr enormes Talent aber lag vor allem darin, voller Selbstvertrauen auf das eigene Bauchgefühl zu hören und entsprechend wagemutige Entscheidungen zu treffen. Damit hatte sie vielen Leuten einiges Voraus.

In der Woche darauf traf sie bei einer Veranstaltung, die sie moderierte, auf einen berühmten Boxprofi, den sie dort zu interviewen hatte, und fühlte sich diesem erfolgreichen

Athleten mit einem Mal gar nicht mehr unterlegen, sondern hatte das Gefühl, der Herr könne sich in Sachen Intuition womöglich noch eine Scheibe von ihr abschneiden.

Um Ihrem Selbstbewusstsein etwas auf die Sprünge zu helfen, verrate ich Ihnen noch eine weitere Übung:

Übung: Ich bin, ich habe, ich kann

Schreiben Sie „Ich bin" auf einen Zettel und daneben eine Aufzählung Ihrer positiven Eigenschaften. Gerne helfe ich Ihnen: hilfsbereit, bescheiden, diszipliniert, freundlich, durchsetzungsstark, scharfsinnig, geistreich, aufmerksam, humorvoll, intelligent, kultiviert, …

Darunter schreiben Sie „Ich habe" und fügen all die Dinge und Werte hinzu, die Ihr Leben bereichern, wie beispielsweise Familie, Freunde, Eigenheim, gesunde Eltern, freundliche Nachbarn, treuer Hund, Talent, Glück, …

Als Letztes notieren Sie „Ich kann" und schreiben dahinter die Dinge, die Ihnen immer mühelos und absolut zuverlässig gelingen: tanzen, singen, zuhören, auf den Punkt kommunizieren, andere zum Lachen bringen, großartig präsentieren, rasend schnell und fehlerfrei tippen, auf der Stelle und immer gut einschlafen, …

Kreisen Sie jeweils das Wort ein, das Ihnen besonders am Herzen liegt bzw. Ihnen zum jetzigen Zeitpunkt wirklich etwas bedeutet. Es dient als Stellvertreter für all Ihre anderen tollen Eigenschaften, Werte und Talente.

Nun sagen Sie laut „Ich bin" und denken im Stillen das eingekreiste Wort. Sagen Sie laut „Ich habe" und denken Sie still an den eingekreisten Wert. Sagen Sie „Ich kann" und füllen Sie gedanklich die Lücke mit Ihrem Talent aus. Wiederholen Sie das Ganze fünf bis sechs Mal. Jetzt erhöhen Sie das Tempo, und zwar so, dass Sie nach einigen Malen nur noch eine Girlande von „Ich bin, ich habe, ich kann" sagen. Ihr Unterbewusstsein füllt die Lücken automatisch und hat diese Girlande bereits mit einem positiven, bestärkenden Gefühl belegt.

„Ich bin, ich habe, ich kann" – das ist Ihr Mantra, und ich empfehle Ihnen, dieses Mantra bis ans Ende Ihrer Tage täglich so oft zu sagen und zu denken, wie Sie können.

Achten Sie auch ruhig darauf, wie Ihr Körper in solchen Momenten auf Ihr neues Mantra reagiert. Sie werden feststellen, dass Sie aufrechter stehen, Ihre Stimme fester und bestimmter klingt, und Sie werden sich weniger abhängig von Bestätigungen von außen fühlen. Das macht stark – und das werden Sie ausstrahlen. Und mit dieser Ausstrahlung wird man Ihnen auch anders entgegentreten.

Ein gesteigertes Selbstwertgefühl will in der Praxis ausgelebt werden: Sie werden sich trauen, z. B. „nein" oder auch „nein danke" zu sagen, ohne das Bedürfnis zu verspüren, sich zu erklären. Sie werden es wagen, zu Ihren Bedürfnissen zu stehen, selbst wenn diese gerade unpopulär sind, und den Mut aufbringen, anderer Meinung zu sein als der Rest der Belegschaft, ohne die Meinung sofort begründen zu können. Manchmal ist es nämlich auch „nur so ein Bauchgefühl", die Intuition, die für eine andere Meinung sorgt. Die Intuition sollten Sie niemals unterschätzen, sondern so oft es geht fördern.

Übung: Ihr Rettungsanker

Sobald Sie jemandem begegnen, den Sie im ersten Moment als überlegen einschätzen, denken Sie „Baum", um sich selbst zu signalisieren, dass Ihre Denkweise eine Illusion ist (die Blätter!), und dann ersetzen Sie den bremsenden Gedanken mit „Ich bin, ich habe, ich kann". Auf diese Weise schulen Sie Ihr Gehirn darin, Sie zu unterstützen, wenn es vermeintlich brenzlig wird.

Noch ein Tipp für Zartbesaitete: Decken Sie im Laufe des Tages immer mal wieder den Solarplexus und das Herz mit der flachen Hand ab und stellen Sie sich vor, Sie wären umgeben von einem schützenden, verspiegelten Ei. Diese Übung kann Ihnen helfen, unangenehme Einflüsse von außen besser abprallen zu lassen.

Erwarten Sie nicht, dass sich die Gedankenstraßen, die Sie im Laufe der Jahre und Jahrzehnte angelegt haben, innerhalb weniger Wochen aufbrechen und neu asphaltieren lassen. Das mag bei einigen Mustern funktionieren, bei anderen bedarf es jedoch Geduld, Selbstdisziplin und Durchhaltevermögen.

! Jeder Mensch hat eine Aufgabe im Leben, die nur er selbst erfüllen kann. Kein anderer wäre dazu in der Lage.

Ihr Mangel: Geld

Erfolg ist das Ergebnis eines freien und unbeschwerten Geistes. Geld allein ist nicht der Schlüssel zum Glück, aber andauernder Geldmangel ist in unseren Breitengraden ein Garant für Unmut und Bitterkeit. Immerhin: sowohl für Geld als auch aus Liebe wird geheiratet, werden Ehen geschieden und Morde begangen. Unterschätzen Sie Ihre Geldgefühle nicht. Eine betrübliche Finanzlage wird als eingeschränkte Freiheit empfunden. Ohne Geld ist der Spielraum in unserer Welt äußerst begrenzt. Dabei ist es völlig einerlei, ob Sie gerne einem bestimmten Hobby nachgehen, verreisen oder etwas für die Ausbildung Ihres Kindes zurücklegen wollen – wenn Sie wegen des fehlenden Geldes nicht frei sind zu entscheiden, ob Sie aktiv oder eben nicht, ist und bleibt das Mist. Natürlich gibt es Schlimmeres. Aber es gibt eben auch Besseres.

Geld ist für viele ein sehr emotionales Thema. Deshalb gilt es auch als „No-Go" bei Besuchen. Dabei ist Geld nichts weiter als Energie. Und Energie folgt der Aufmerksamkeit. Das ist eines von vielen quantenphysikalischen Naturgesetzen. Richten Sie Ihre Aufmerksamkeit auf die befreiende Wirkung des Geldes, zeigt sich diese. Richten Sie Ihre Aufmerksamkeit auf den Mangel an Geld, zeigt sich dieser ebenfalls.

Es mag ungerecht wirken, dass Geld immer dorthin zu fließen scheint, wo es ohnehin schon mehr als genug davon gibt – dabei ist dies lediglich die Auswirkung eines Naturgesetzes. Sie empfinden es ja auch nicht als ungerecht, dass Federn sanft zu Boden schweben und Sie nicht. Sie nehmen es als Gesetz der Anziehung einfach so hin und richten sich entsprechend darauf ein. Geld scheint also eine Gesinnung von Fülle zu „mögen", und es scheint dem Geld zu „gefallen", wenn mit ihm interessiert und aufmerksam umgegangen wird.

Christoph W., Projektleiter Eventagentur

Christoph kam mit drei unterschiedlichen Anliegen zu mir. Eines davon war sein Frust im Job. Er steckte voller Selbstzwei-

fel. Außerdem war es ihm peinlich, dass er meine Rechnung gerade nicht bezahlen konnte, weil er momentan nicht die „Kohle" hatte, denn sein Arbeitgeber kam nicht rechtzeitig mit der „Asche" rüber. Außerdem war er frustriert darüber, dass sein Gehalt immer gleich so schnell wieder „verpulvert" war. Ich machte ihn darauf aufmerksam, dass die Bezeichnungen, die er für Geld benutzte, mit dem Verbrennen von Dingen in Verbindung stünden. Tatsächlich musste er sich konzentrieren, um das Wort „Geld" überhaupt zu sagen. Wir arbeiteten mit unterschiedlichen Methoden an seinen unbewussten und automatisierten Denk- und Verhaltensmustern in Bezug auf Geld. Dazu gehörte auch eine neue Routineübung: Ich riet ihm, beim Bezahlen mit Bargeld den Geldschein stets so zu halten, dass die Brücke nach oben zeigt, damit das Geld seinen Weg wieder zurück findet. Zeigt der Schein nämlich Tor oder Fenster, hantiert unser Unterbewusstsein gerne mit der Redensart „das Geld zum Fenster rauswerfen". Und das muss ja nicht sein.

Überprüfen Sie Ihre unterschwelligen Überzeugungen, Ihr Vokabular und Ihre Angewohnheiten:

- Ist Geld für Sie ein Spielzeug? („Knete")
- Treten Sie achtlos auf Geld herum? („Schotter")
- Halten Sie ausschließlich Ausschau nach „Schnäppchen"?
- Klammern Sie sich an Geld fest, wie an einen Partner, den Sie insgeheim schon auf dem Sprung wähnen?
- Fällt es Ihnen leicht, Ihr Geld großzügig mit anderen zu teilen?

Die Übung, die ich Ihnen gleich verrate, wird Ihnen im ersten Moment womöglich albern vorkommen, vor allem wenn

Sie derzeit mit Schulden zu kämpfen haben oder gerade eben so über die Runden kommen. Doch sehen Sie meinen Vorschlag bitte als ersten Schritt der „Symptombehandlung" an. Denn ich wette, Sie besitzen eine Menge Zeug, das sich mit etwas Geschick zu Geld machen ließe, selbst wenn es am Ende nur ein paar „mickrige" Euros sind. Und auch wenn Sie zwar ein verlässliches und gutes Einkommen haben, aber befürchten, dass der Geldhahn eines Tages zugedreht wird, kann Ihnen dieses kleine Mentalspiel dienlich sein. Unterbrechen Sie Ihre Lektüre dafür noch einmal und **machen** Sie die Übung. Es genügt nicht, Dinge nur zu lesen, ohne sie auch aktiv umzusetzen. Machen Sie Ihre eigenen Erfahrungen!

Übung: Besitz wahrnehmen

Suchen Sie in Ihrer Wohnung zunächst einen Gegenstand aus, den Sie ohne Weiteres zu Geld machen könnten. Nehmen Sie danach jeden beliebigen Gegenstand in die Hand, der sich theoretisch verkaufen ließe, und spüren Sie für ein paar Sekunden seine Oberfläche, seine Form und sehen Sie ihn sich an. Wann immer Sie diesen Gegenstand sehen, sagen Sie zu sich selbst: „Da steckt mein Geld." Das können Sie mit Ihrem gesamten Besitz machen. Auf diese Weise lernt Ihr Gehirn, Geld als Teil Ihres Besitzes zu akzeptieren und neue Gedankenmuster zu kreieren.

Machen Sie sich bewusst, dass Ihre Gedanken Wellenfrequenzen sind, die magnetische Felder produzieren. Stellen Sie sich vor, dass diese Felder mit Umständen und Ereignissen von ähnlicher Frequenz in Resonanz gehen, dass also genau das wie ein Echo zurückhallt, was Sie an Frequenzen aussenden. Wenn Ihr Gedankengut, also das, was sich in Ihrem Inneren bezüglich Ihrer Finanzlage tut, von eher schwächender Qualität ist (Angst, Sorge, Misstrauen etc.), dann zeigt sich das Pendant im Alltag: auf dem Kontostand, bei Preis- oder Gehaltsverhandlungen etc. Aus eigener Erfahrung kann ich sagen, dass sich häufig wiederkehrende Gedanken als etwas tatsächlich Erlebbares manifestieren. Das kann schnell nach hinten losgehen, aber eben auch etwas ganz Großartiges sein.

Ist Ihr Gehirn einmal darauf programmiert, finanziellen Mangel gedanklich oder mit Worten zu bestätigen, werden Geldsorgen auch im täglichen Leben wahrgenommen. Dazu ist anzumerken, dass es so etwas wie ein kollektives Bewusstsein gibt. Wenn eine große Anzahl von Menschen gleiche oder ähnlich geartete Gedanken zu einem bestimmten Thema hegt und Sie in dieser Menschengruppe leben, dann ist es sicherlich eine Herausforderung, sich dem entgegenzustellen. Tun Sie es trotzdem! Letztendlich haben Sie mehr Gedankenmacht über Ihr eigenes Leben als jedes Kollektiv. Machen Sie Gebrauch davon und bleiben Sie ruhig und gelassen, sobald Sie positive Veränderungen bemerken. Der größte Fehler, den Sie begehen können, ist, damit zu prahlen, welch kraftvolle Wunderwaffe gegen die Armut Sie in sich entdeckt haben. Sie ahnen gar nicht, wie schnell alles wieder vorbei sein kann. Genießen Sie still und nehmen Sie dankend an. Dank ist übrigens ein Katalysator für alles, was Sie sich wünschen – aber dazu komme ich später noch einmal.

Hier zunächst noch ein weiteres Mentalspiel, mit dem Sie sich durch tägliches Üben aus dem Gefühls- und Gedankenmuster der Bedürftigkeit lösen können.

Übung: Geld wahrnehmen

Tragen Sie ab heute immer eine Zweieuromünze oder einen Zehneuroschein lose in der Tasche. Wann immer Sie einen Ihrer alten, verstaubten (Kollektiv-)Gedanken denken, sehen Sie sich das Geldstück/den Geldschein an und denken Sie mehrere Male hintereinander: „Ich sehe Geld – ich finde Geld – ich habe Geld."

Man bezeichnet dieses Vorgehen als „affirmieren". Affirmationen sind positiv formulierte Sätze ohne die Wörter „nicht" und „kein", die sich nach einer Zeit etlicher Wiederholungen im Unterbewusstsein festsetzen und so ihre bestärkende und fördernde Wirkung entfalten. Die Krux dabei: Das Engelchen flüstert die Affirmation (z.B. „Ich bin reich."), doch das Ego-Teufelchen grätscht behände dazwischen mit einem gehässigen „Von wegen!". Die oben vorgestellte Methode hingegen lässt das Teufelchen nicht zu, denn jede der Aussagen ist sachlich korrekt und damit für Ihr Unterbewusstsein glaubhaft, und gleichzeitig ist die Affirmation besonders kraftvoll, weil sie an ein Bild gekoppelt ist.

Reichlich Geld zu haben, bedeutet Entscheidungsfreiheit und Erfolgsgefühle. Der Schritt davor allerdings bedeutet erst einmal Verzicht: Verzicht auf einen Gegenstand, der verkauft wird, Verzicht auf Freizeit, weil mehr (an der eigenen Persönlichkeit) gearbeitet werden muss, Verzicht auf Quantität, wenn einem Qualität wichtig ist und umgekehrt, sowie Verzicht auf Kindlichkeit, denn Geld zu haben bedeutet auch, Verantwortung zu tragen – Verantwortung für das eigene Denken und Handeln unabhängig vom Kollektivdenken.

Es gibt eine Menge Literatur mit Aha-Effekt zum Thema „Geld" und es lohnt sich wirklich, sich eingehend mit dieser Materie zu befassen. Geld ist wie ein Messer: Es nützt oder es schadet – und was es tut, liegt an Ihnen. Je mehr Geld Sie einnehmen, desto mehr haben Sie zum Beispiel auch zur Verfügung, um die Qualität für Ihre Kunden zu verbessern, um sich im Privatbereich großzügig zu zeigen, um Hilfsorganisationen zu unterstützen, um weniger erfolgreichen Verwandten finanziell unter die Arme zu greifen und um das Leben noch mehr zu genießen. Aber dazu müssen Sie Geld erst einmal akzeptieren, Erfolg willkommen heißen, und dann kann sich auch die Tür für die Wunschkunden öffnen.

! Messer ist nicht gleich Mord. Geld ist nicht gleich Gier.

Ihr Mangel: Ziele

Ohne eine Vision, eine Idee, ein Ziel kann sich kein Erfolg einstellen. Jeder Mensch hat Ziele – und sei es nur das Ziel, einigermaßen gut durch den Tag zu kommen. Außerdem braucht jedes Ziel ein Timing, eine Deadline (die auch mal verschoben werden kann), denn sonst ist es kein Ziel, sondern ein Wunsch. Wunsch und Ziel sind allerdings unterschiedlich zu handhaben.

Jedes Ziel dient in letzter Konsequenz dazu, das eigene Wohlbefinden langfristig zu erhöhen. Fangen Sie beim Befüllen Ihres Lebensgefäßes mit den „großen Steinen" – den Grundlagen – an, denn wenn Sie sich zunächst an den Details festbeißen, das Gefäß also mit Sand befüllen, ist für die wichtigen Brocken am Ende kein Platz mehr frei. Auf folgende Fragen sollten Sie daher glasklare Antworten parat haben:

- Was streben Sie grundsätzlich (in Ihrer beruflichen Tätigkeit) von ganzem Herzen an? Wo wollen Sie stehen, wenn Sie einmal nicht mehr arbeiten?
- Mit welchen Themen oder Tätigkeiten könnten Sie sich den lieben langen Tag problemlos beschäftigen, wenn Sie die Zeit dazu hätten? Worin liegt Ihre thematische oder handlungsorientierte Leidenschaft?
- Welchen tieferen, größeren Sinn, welche Erfüllung erkennen Sie in Ihrem Job und in Ihrer Tätigkeit? Hat Ihr Job das Zeug dazu, Sie zu erfüllen?

Sollten Sie auch nur bei einer dieser Fragen lange überlegen müssen und nach fünf Minuten intensiven Nachdenkens immer noch achselzuckend dasitzen, ist es für Sie allerhöchste Zeit, etwas zu verändern. Oder haben Sie womöglich noch nicht einmal fünf Minuten in die Beantwortung dieser essenziellen Fragen investiert? Dann markieren Sie diese Seite und kehren Sie nachher noch einmal hierher zurück.

Sie müssen wissen: Richtig gut sind Sie immer dann, wenn Sie sich einer Sache mit großer Faszination hingeben, wenn die mit diesem Thema verbundene Extrameile ein großer Spaß für Sie ist, wenn Sie gerne Neues über dieses eine Fachgebiet dazulernen und diesen Lernprozess nur ungern unterbrechen. Sollte Angst vorm Versagen oder vor Ablehnung die wahre Motivation für Ihr eifriges und fehlerfreies Handeln sein, wird sich dies irgendwann gesundheitlich bemerkbar machen. Seien Sie daher aufrichtig zu sich selbst.

Streben Sie nach Faszination und Abenteuer! Das, was sie fasziniert und gleichzeitig ängstigt, ist Ihr Wegweiser. Folgen Sie diesen beiden Gefühlen.

Sophie L., Assistentin der Geschäftsleitung

Meine Klientin Sophie stand vor folgendem Dilemma: Einerseits wünschte sie sich seit Langem schon, kreativ tätig zu sein, andererseits war es für sie unvorstellbar, ihre sichere Arbeitsstelle aufzugeben. Sie stammte aus einer Familie, in der ein geregeltes Einkommen wichtiger war als der Ausdruck der eigenen Kreativität. Ich fragte sie, womit sie sich wohl hauptsächlich beschäftigen würde, wenn ihr wie durch ein Wunder bis ans Ende ihrer Tage monatlich 8.000 Euro einfach so zur freien Verfügung stünden. „Schreiben und fotografieren“, war ihre spontane Antwort.

Im Coaching wurde ihr plötzlich klar, dass es gar nicht notwendig war, den Lebensunterhalt mit einer schöpferischen Tätigkeit zu verdienen, damit diese Tätigkeit Platz in ihrem Leben finden konnte. Ihre Kreativität konnte getrost auch in der Freizeit nebenher stattfinden. Die junge Frau beschloss, einen Blog über Hunde zu erstellen und diesen mit eigenen Fotos zu bebildern. Inzwischen hat sie einen passablen Nebenverdienst durch die Werbung, die auf ihrem Blog geschaltet wird.

Viele Menschen gehen zur Arbeit, weil sie sich irgendwann einmal um eine Festanstellung beworben und damals den Zuschlag erhalten haben und weil sie die Firma seitdem einfach nicht gewechselt haben. Andere gehen zur Arbeit, weil sie es so gewohnt sind und weil sie sich keine Gedanken darüber machen, ob die Arbeit sie vielleicht von ihrer eigentlichen Berufung ablenkt. Es gibt aber noch viele andere Gründe, einer Arbeit nachzugehen, die nicht erfüllend ist. Das ist nicht weiter verwerflich, sofern Sie dies bewusst so handhaben und Ihre Leidenschaft anderweitig ausleben. Doch in den meisten Fällen bleiben sowohl die bewusste Wahl als auch die Leidenschaft auf der Strecke. Prüfen Sie, ob Sie sich mit einer der nachfolgenden Personengruppen identifizieren können:

Manch einer geht wie gewohnt zur Arbeit, ...

- weil diese nun einmal seiner Ausbildung entspricht (obwohl das Herz inzwischen für etwas ganz anderes schlägt).
- weil ja irgendwie Geld in die Kasse kommen muss (obwohl sich Geld auch mit einer anderen Tätigkeit verdienen ließe – am besten sogar mit passivem Einkommen).
- weil sich dort alles so vertraut und sicher anfühlt (obwohl der Schritt in die Selbstständigkeit eine viel bessere Option wäre).
- weil die Karriereleiter noch ein paar Sprossen zu bieten hat (obwohl schon jetzt klar ist, dass ein hoher Preis dafür gezahlt werden muss).

Erfolgreich, erfüllt und unbeschwert zu leben, ist in der Tat nur dann möglich, wenn Arbeit und Leidenschaft eins sind. Und sobald Sie beides kombinieren, profitiert obendrein auch Ihr Privatleben davon! Am besten beginnen Sie damit, einen Teil Ihrer Arbeit ab sofort mit großer Leidenschaft zu versehen und diesen Teil von Herzen zu lieben. Nebenbei schaffen Sie Zeit und Raum für Ihre kreative Seite.

Und keine „Ja, aber"-Gründe! Finden Sie Möglichkeiten, nicht Ausreden! Denn hier trennt sich die Spreu vom Weizen. Wenn Sie Ihr Vorhaben bis zum kommenden Wochenende immer noch nicht tatkräftig angepackt haben, werden Sie sich Mitte des nächsten Jahres wünschen, Sie hätten bereits heute begonnen. Sie selbst stellen die Weichen.

Übung: Klarheit gewinnen

Nehmen Sie sich die Zeit, über die Fragen, die ich eingangs gestellt habe, nachzudenken. Seien Sie ehrlich. Sie werden bei dieser Übung merken, was es zu verändern gilt. Vertrauen Sie Ihrem Bauchgefühl und nehmen Sie sich vor, ihm zu folgen. Treffen Sie eine Vereinbarung mit sich selbst und versprechen Sie sich, innerhalb der nächsten drei Monate eine signifikante, positive Veränderung einzuleiten. Stehen Sie zu dieser Vereinbarung. Schreiben Sie sie auf und hängen Sie sie irgendwo hin, wo Sie sie täglich sehen. Wenn Sie zu Ihrem Wort stehen, öffnen sich neue Türen.

! Schaffen Sie Platz für Ihre Kreativität und Ihre Leidenschaft, unabhängig davon, ob Sie damit Geld verdienen oder nicht.

Ihr Mangel: Kundschaft

Sie können noch so kompetent, finanzversiert, fokussiert und fleißig sein – wenn die Kunden ausbleiben, haben Sie in Ihrem Business keinen Erfolg. Wenn Sie selbstständig sind oder Produkte für Ihre Firma verkaufen, ist Ihr Erfolg unter anderem daran messbar, wie viele (wiederkehrende) Kunden Sie haben. Ich gehe davon aus, dass Sie die Grundvoraussetzungen für Ihre Tätigkeit erfüllen: Sie sind qualifiziert und kompetent, Ihr Produkt bzw. Ihre Dienstleistung ist absolut top, Sie verfügen über ein gewisses Maß an Berufserfahrung und Sie behandeln Ihre Kunden und Geschäftspartner freundlich und mit Respekt. Was liegt also im Argen?

Sollten Sie bei dieser Aufzählung innerlich schon gezuckt haben, dann bringen Sie bitte diese Bereiche erst einmal für sich ins Lot: Ist Ihre Qualifikation unzureichend für das, was Sie anstreben, dann holen Sie jetzt entweder nach, was Sie glauben versäumt zu haben, oder aber – wenn das Nachholprogramm nicht realisierbar ist – werden Sie zum „Hacker" oder „Neuerfinder" Ihres Berufs: Sehen Sie sich als jemand, der irgendwo durch eine Luke eingestiegen ist, wo andere brav die Tür genommen haben, und variieren Sie jetzt das vermeintliche Regelwerk Ihres Berufsstandes nach Ihrem Gusto und dennoch zum Wohle aller. Nicht alle Hacker verbreiten Viren und bringen Server zum Absturz, manche treiben auch einfach nur Schabernack, aber: Alle Hacker sind in irgendeiner Form kreativ! Definieren Sie Ihren aktuellen Job neu, entwickeln Sie Ihre eigene Methode, Ihren eigenen Stil und schreiben Sie auf, welche Persönlichkeitsmerkmale dafür nötig sind. Sehen Sie zu, dass diese Teil Ihrer Persönlichkeit sind.

Wenn Sie Ihre Dienstleistung oder Ihre Räumlichkeiten verbessern können, dann bitte: Tun Sie's! Falls Sie Zweifel an der Wertigkeit Ihres Produkts haben, dann verbessern Sie es oder kreieren Sie ein neues Produkt und damit ggf. auch einen neuen Job. Ist Ihnen das zu anstrengend oder zu riskant, dann ist die Sache mit dem Erfolg nichts für Sie. Erfolgreiche Menschen gehen selten den supersicheren, absehbaren, vorgefertigten und ausgetretenen Weg. Im Gegenteil: Sie meiden ihn!

Erfolgreiche „Hacker" ihres Berufs

Steve Jobs, Helge Schneider, Heidi Klum, Mark Zuckerberg, Madonna, Astrid Lindgren, Joanne K. Rowling, Monty Roberts, Eminem, Richard Branson, Nelson Mandela, Stefan Raab, ... Recherchieren Sie selbst weiter!

All die aufgezählten Personen haben sich über Widerstände, Konventionen, Übliches und vermeintlich Gehöriges hinweggesetzt und mach(t)en, was sie woll(t)en. Sie betiteln das, was sie tun, mit einer gefälligen und gängigen oder auffälligen Berufsbezeichnung – und fertig ist die Eigenmarke: Musiker, Model, Komiker, Pferdeflüsterer, Schauspieler, Entertainer, ...

Nach dem Paretoprinzip (benannt nach dem Italiener Vilfredo Pareto, dem Anfang 1900 auffiel, dass 20 % der Familien 80 % des Volksvermögens besaßen) ist es so, dass in den meisten Fällen 80 % des Gesamtumsatzes durch lediglich 20 % des Kundenstammes erwirtschaftet werden. 80 % der Kunden hingegen kosten Nerven, Zeit, Liebesmüh und bringen im Vergleich eher wenig, weil sie beispielsweise den Preis drücken, nicht das ganze Paket, sondern nur einen Teil der Leistung beziehen wollen etc. 20 % Ihrer Kunden akzeptieren Ihren Preis, wie er ist, kommen gerne wieder, weil sie mit Ihrer Leistung zufrieden sind, Ihre Art schätzen, und sie sorgen auch noch für den Großteil Ihres Einkommens.

Konzentrieren Sie sich also auf diese 20 % und erforschen Sie, was Sie für diese Kunden bedeuten und was Sie in den Augen dieser Kunden richtig machen. Für diese Kunden müssen Sie sich nicht verbiegen und die Zusammenarbeit ist für beide Seiten angenehm. Den für Sie perfekten

Kunden haben Sie bereits! Definieren Sie ihn jetzt! Sobald Sie das getan haben, können noch mehr der gleichen Couleur zu Ihnen finden, denn Sie werden sich diesen Kunden automatisch auf allen Ebenen entgegenstrecken – im Auftreten, im Look, in Ihrer Art, mit Ihrem Portfolio, mit Ihrer ganzen Energie. Diese Art Kundschaft kann dann getrost die energieraubende Klientel ablösen. Sie müssen – und sollten – nicht versuchen, für jeden das perfekte Produkt anzubieten und alle nur denkbaren Kunden vom Markt abzugrasen. Und das sollten Sie auch nicht von Ihren Mitarbeitern verlangen.

Übung: Der Glückskunde

Schauen Sie Ihre letzten gestellten Rechnungen an und notieren Sie die Kunden, die wiederholt zu Ihnen gefunden haben und mit denen es Spaß gemacht hat zu arbeiten. Schreiben Sie auf, warum die Zusammenarbeit so gut war. Lag es an der unbeschwerten Kommunikation, an der bereitwilligen Preisakzeptanz des Kunden oder lagen Sie einfach auf derselben Wellenlänge? Notieren Sie alles, was Ihnen an diesen Kunden positiv auffällt. Jetzt optimieren Sie dieses Bild, indem Sie z. B. überlegen, ob Sie lieber mit Männern oder Frauen zusammenarbeiten. Wann fühlen Sie sich wohler und authentischer? Sollen Ihre Kunden eher zu Ihnen aufschauen oder genießen Sie es, an Ihren Kunden zu wachsen? Sollten sich die Idealeigenschaften auf mehrere Kunden verteilen, so sammeln Sie diese Merkmale und kreieren Sie Ihren Wunschkunden, denn den haben Sie offenbar noch nicht.

Überlegen Sie sich, welches Motiv Ihren Kunden wohl dazu verleiten wird, nach dem zu googeln, was Sie zu bieten haben. Ihr optimaler Kunde muss das, was Sie im Portfolio haben, unbedingt wollen. Wenn er nur glaubt, Ihr Produkt zu brauchen, ist er nicht der Richtige, denn er wir nur das Nötigste für das Nötige ausgeben.

Falls Sie nicht gerade Schulden abbezahlen müssen, dann wagen Sie es, einen Auftrag abzulehnen, wenn Sie schon im Vorfeld das Gefühl haben, dass dieser für Ärger sorgt. Sagen Sie sich täglich, dass Sie auf wundersame Weise ausschließlich die optimalen Menschen für Ihr Geschäft anziehen. Programmieren Sie sich darauf. Konzentrieren Sie sich auf Ihre Kernkundschaft, denn ob Sie es glauben oder nicht: Ihr Kunde kauft Ihre Laune und Ihre mentale Gesinnung mit ein. Solange Sie nicht wissen, wem Sie Ihr Produkt eigentlich gerne (!) anbieten möchten, werden sich immer wieder Kunden untermischen, die gar nicht zu Ihnen passen und die dadurch Ihr Selbstvertrauen ankratzen. Oder aber es finden über kurz oder lang weder die optimalen noch die unpassenden Kunden ihren Weg zu Ihnen.

Alexandra K., Leiterin eines Yogastudios

Alexandra kam zu mir, weil ihre Kurse schleppend liefen und Teilnehmer immer wieder absagten. Ich bat meine Klientin unter anderem darum, ein Profil ihres idealen Kursteilnehmers zu erstellen: wie alt, welches Geschlecht, welche Lieblingslektüre, Familienstand, terminliche Verfügbarkeit, Beweggründe für Yoga, Einkommensstruktur, selbstständig oder angestellt, Lieblingsfilme etc. Es kam heraus, dass sie lieber mit selbstständigen Männern um die 40 als mit angestellten Müttern um die 30 arbeitete. Es machte ihr auch mehr Spaß, mit Männern zu arbeiten, die zum Kurs kamen, weil sie Yoga machen ***wollten*** *und nicht weil sie glaubten, Yoga zu* ***brauchen****. Diese Innenschau und Analyse führ-*

te dazu, dass sie ihre Website umstrukturierte, das Layout neu gestaltete, die Texte redigierte und auf die männliche Zielgruppe abstimmte und die Preise einfach ein wenig anhob. Wir arbeiteten zusätzlich an einigen blockierenden Glaubenssätzen, die tief in ihr verankert waren („Ohne Fleiß kein Preis"/„Ich muss mich tüchtig anstrengen"), lösten diese auf und ersetzten sie durch Aussagen, die mehr Leichtigkeit suggerierten und die ihr kurioserweise in Englisch besser halfen als auf Deutsch („easy income"/„I am a money magnet").

Ausbleibende Kundschaft kann natürlich auch ganz profane Gründe haben. Überprüfen Sie sich: Wie treten Sie auf, wie ist Ihr Erscheinungsbild im Internet? Sieht Ihre Firmen-Homepage ansprechend und professionell aus? Stimmt die Farbgebung? Ist die Seite individuell und passt sie zu Ihnen und Ihrer Persönlichkeit? Woran kann Ihr Wunschkunde sofort erkennen, dass Sie der richtige Geschäftspartner sind? Wie schnell sind Sie über die Google-Suche zu finden? Lassen Sie sich hier unbedingt beraten! Es ist nicht notwendig, Anzeigen zu schalten, um in der Google-Suche Platz 1–3 zu belegen. Investieren Sie in einen professionellen Homepage-Check und Sie können sich viel Geld für Werbeanzeigen sparen. Zumindest habe ich es so gemacht und ich würde es wieder tun. Außerdem: Wie viele unterschiedliche Bilder von Ihnen kursieren auf den üblichen Business- und sozialen Netzwerken? Gibt es eine einheitliche Linie in Ihrem Auftritt? Oder wirken Ihre unterschiedlichen Profile verwirrend auf andere? Berichten Sie auf diesen Plattformen von Ihren Erfolgen und lassen Sie andere an Ihrem Spaß teilhaben oder haben Sie Angst, zu ehrgeizig zu wirken? Wenn ja, warum? Was ist „ehrgeizig" und was ist „zu ehrgeizig"? Nach wessen Maßstäben handeln Sie? Sind Sie als Kopf

Ihres Unternehmens auf Ihrer Homepage gleich sichtbar oder muss der Kunde sich erst abenteuerlich bis zu Ihnen durchklicken, um einen optischen Eindruck von Ihnen zu bekommen? Zeigen Sie sich und verzichten Sie in diesem Falle auf Bescheidenheit! Auf das Thema „Bescheidenheit" und „vornehme Zurückhaltung" komme ich später noch einmal zu sprechen. Was ich Ihnen jetzt schon rate ist: Bringen Sie Ihre Präsenz und Ihre Profile auf Vordermann.

! Treten Sie für Ihre ideale Zielgruppe so auf, wie Sie von ihr wahrgenommen werden wollen: einladend.

Doch der Online-Auftritt ist ja nur die halbe Miete. Was ist offline mit Ihnen los? Tummeln Sie sich? Netzwerken Sie? Sobald Sie wissen, welche Personen Ihrem Idealkunden entsprechen, wissen Sie auch, wo Sie diese Leute finden und in den meisten Fällen handelt es sich dabei um Locations, Kongresse, Veranstaltungen, Restaurants, Clubs etc, die Sie aus eigenem Interesse ohnehin gern aufsuchen würden. Tun Sie's bitte auch.

Und wenn Sie dort sind – wie stellen Sie sich vor? Was erzählen Sie auf die Frage „Was machen Sie beruflich?" Üben Sie sich darin, souverän ihren Namen und ihre Berufsbezeichnung zu sagen. Und lassen Sie das mit dem Titel! Sie sind bitte nicht Kerstin Schröder, Head of International Communication von der Firma Hastenichtgesehen, sondern Sie sind Kerstin Schröder, zuständig für die Pressearbeit bei Siehmalan. Bleiben Sie griffig, wenn Sie sich vorstellen. Wenn Ihr Gegenüber Sie dann fragt, was Sie in Ihrem Beruf denn hauptsächlich machen (es gibt keine dummen Fragen!), dann können Sie Ihren „Elevator-Pitch" herausschleudern.

Dieser „Elevator-Pitch" ist das Statement mit dem Sie innerhalb von 20 Sekunden klar machen, was Sie drauf haben und was Sie anstreben.

Beispiele:

VERTRIEBSLEITER: Ich kümmere mich um den reibungslosen Ablauf des Vertriebs und leite ein Team von 15 Leuten. Wir wachsen gerade enorm und ich bin daher ausserdem auf der Suche nach neuen Mitarbeitern.

PERSONALABTEILUNG: Ich bin zuständig für die Personalentwicklung und buche u. a. Trainer und Coaches für unsere Mitarbeiter-Workshops.

WEBDESIGN: Ich habe mein eigenes Büro und werde von unterschiedlichen Industriezweigen für die Onlinegestaltung der jeweiligen Online-Portale gebucht. Mein Spezialgebiet sind klassische, pure und schnörkellose Designs mit klarer Funktionalität.

SCHNEIDER/IN: Ich entwickle Schnitte und Designs in meinem Atelier, verändere vorhandene Stücke und vertreibe diese sowohl on- als auch offline in ausgewählten Läden. Am besten verkaufen sich die Sommerkleider mit besonderer Bindetechnik, die ich vor einigen Jahren entwickelt habe.

YOGA-LEHRER/IN: Ich gebe Kurse, entwickle neue Kurskonzepte, organisiere Veranstaltungen in unseren Räumen und habe Module entwickelt, die die Teilnehmer über sich hinaus wachsen lassen. Meine Spezialität ist das Bikram-Yoga.

TV-PRODUZENT/IN: Ich entwickle Sendungen, denke mir ungewöhnliche, neue Formate aus, stelle diese den Sendern zur Verfügung und habe mich dabei auf die Themenwelt rund um die Politik spezialisiert.

PR-MANAGER: Ich arbeite sowohl mit Printmedien als auch mit Funk und TV zusammen, biete ihnen interessante Themen an, bereite diese druck- oder sendetauglich vor und sammle für meine Klienten sämtliche Artikel als Reports in Mappen. Die meisten Kontakte habe ich dabei im Entertainment- und Boulevard-Bereich.

Erarbeiten Sie Ihren persönlichen Elevator-Pitch, gehen Sie dorthin, wo Ihre Kundschaft sich aufhält und lösen Sie deren Probleme! Denn nichts anderes ist es, das wir den ganzen Tag mit unseren Berufen tun: wir lösen die Probleme anderer und nehmen ihnen die Dinge ab, die sie selbst nicht tun können oder wollen.

Ihr Mangel: Erfolgserlebnisse & Ergebnisse

Erfolg will wahrgenommen werden. Erfolg ist, wenn etwas gelingt, und kaum etwas ist frustrierender als Aktionen, die schiefgehen. Üben Sie sich daher täglich darin, Ihre Aufmerksamkeit auf das zu richten, was Ihnen mühelos gelingt – denn Sie haben tatsächlich Erfolg! Richten Sie Ihren Fokus ruhig auf die täglichen Selbstverständlichkeiten, bei denen Sie erfolgreich sind. Das beginnt schon bei der Körperhygiene. Nicht jeder ist da so erfolgreich wie Sie.

Übung: Die 30-Tage-Erfolgskur

Machen Sie sich einen Spaß daraus, jede Ihrer Bewegungen als Erfolg zu werten. Schenken Sie täglich einigen Ihrer Handlungen volle Aufmerksamkeit. Halten Sie dazu für fünf Sekunden inne und spüren Sie aufmerksam, was Ihre Hände gerade berühren, wie kraftvoll Ihre Lungen und Ihr Herz arbeiten und was Ihre Augen Ihnen erfolgreich mitteilen. Dann machen Sie mit dem weiter, was Sie gerade tun, nur ein winziges bisschen langsamer und achtsamer. Wenn Sie das 30 lang Tage durchhalten, wird sich Ihre Achtsamkeit verselbstständigen: Sie akzeptieren Erfolg als Teil Ihres Alltags und stellen so die Weichen für seine Bestätigung in allen Lebensbereichen.

Ihr Gehirn lässt sich nach Belieben programmieren. Wenn Sie allerdings nichts davon verstehen, geschehen die Programmierungen unbewusst und sind leicht von außen zu manipulieren. Sollten Sie Ihr Gehirn im Laufe der vergangenen Jahre versehentlich auf *„Erfolg haben die anderen"* geeicht haben, dann ist es recht unwahrscheinlich, dass Sie ohne weiteres Zutun einen Erfolg wahrnehmen, und zwar vollkommen karriereleiterunabhängig. Das heißt, Sie müssen aktiv werden.

Ingrid S., Sales Executive

Ingrid war das, was man als „Seminar-Hopper" bezeichnet. Sobald es um neue Verkaufsmethoden ging, meldete sie sich an. Ich bin ein großer Befürworter von persönlicher und fachlicher Weiterbildung, und dennoch wollte ich von ihr wissen, was ihre Motivation sei, all diese Seminare zu besuchen. „Ich will einfach noch bessere Verkaufszahlen abliefern und die beste Methode kennenlernen." Super! Doch ihre Körpersprache verriet mir, dass sie sich bei diesem Gedanken gar nicht so wohl fühlte, wie sie vorgab. Unter anderem sprachen wir kurz über ihr Elternhaus. Sie verehrte ihre Eltern und lobte die beiden in den höchsten Tönen. Sie lobte deren Fleiß und deren Durchhaltevermögen und sie pries deren Hingabe und Liebe. Kurz: Sie stellte ihre Eltern auf einen Sockel. Und wir stellten gemeinsam fest, dass es einen Satz in ihr gab, der ihr sagte, dass sie auf keinen Fall erfolgreicher oder gar wohlhabender werden dürfe als ihre fleißigen Eltern mit der kleinen Rente. Der Satz lautete: „Meine Eltern haben sich für mich krummgelegt und meinetwegen auf vieles verzichtet." Allein bei dem Gedanken, sie könne auf einfache und erfreuliche Weise mehr Erfolg und Geld haben als Vater und Mutter, bekam sie Schuldgefühle. Ihr Unterbewusstsein wollte offenbar auf gar keinen Fall zulassen, dass sie ihre Eltern finanziell überholte und sie damit vermeintlich demütigte. Ihr Verstand sagte ihr, dass dies kompletter Unsinn war und dass ihre Eltern sich über jeden ihrer Erfolge freuten, doch ihr Energiesystem bescherte ihr eine andere Realität.

Mit solchen unbewussten Mustern verpassen Sie wertvolle Möglichkeiten. Ihr Filter im Gehirn lässt das Wahrnehmen einer Chance dann einfach nicht zu.

Übung: Filter wechseln

Wenn Ihr neuronaler Filter dafür sorgt, dass Ihnen gute Gelegenheiten entgehen, Sie ständig mit wenig Erfolg versprechenden Kunden in Kontakt kommen bzw. Ihre Projekte oft scheitern, dann wechseln Sie ihn besser aus. Das tun Sie einerseits schon durch das „So-tun-als-ob-Spiel", denn Ihre Neuronen unterscheiden nicht zwischen real und gespielt (ein Grund übrigens, warum sich die meisten Hollywoodschauspieler von Therapeuten begleiten lassen).

Ein weiter Tipp: Stellen Sie sich vor, Sie hätten eine Krone auf dem Kopf. Laufen Sie mit dieser Krone einige Minuten herum. Nehmen Sie eine wahrhaft königliche Haltung ein: royal, aufrecht, bedacht in den Bewegungen, verantwortungsbewusst den Untertanen gegenüber, weise, gütig, großzügig und milde. Formulieren Sie dabei einen bestärkenden Satz wie zum Beispiel: „Mit diesem Gedanken bin ich wirklich erfolgreich!"

Suchen Sie, so oft Sie können, Orte in Ihrer Stadt auf, die für Wohlstand und Erfolg stehen. In Berlin fallen mir da sofort die Cafés und Bars sämtlicher Fünfsternehotels ein, die Luxusgeschäfte unten im KaDeWe, das Kanzlerviertel und sämtliche Feinkostläden. Sie müssen dort nicht einmal großartig Geld ausgeben, wenn es Ihnen daran mangelt. Atmen Sie einfach die Fülle-Energie, die an solchen Orten herrscht, und bestellen Sie sich hier und dort einfach einmal im Monat eine Tasse Kaffee. Wichtig ist, dass Sie Ihren natürlichen Lebensraum um solche Orte erweitern, falls Ihnen diese noch fremd oder gar bedrohlich erscheinen.

Albert Einstein sagte: „Die Definition von Wahnsinn ist, immer wieder das Gleiche zu tun und andere Ergebnisse zu erwarten."

Dem Gehirn ist es egal, was Sie als Erfolg bezeichnen. Also seien Sie dabei nicht haarspalterisch. **!**

Ihr Mangel: Mut

Zögerndes Handeln, Zweifel, Ängstlichkeit und Argwohn sind niemals die Wegbereiter für gelungenes und wohltuendes Vorwärtskommen. Es ist nicht mutig, unerschrocken und angstfrei etwas Großes zu tun, sondern es trotz der Angst zu tun. Erfolge erfordern nun mal auch eine gute Portion Mut. Wenn Sie ein Mensch sind, der lieber den sicheren Weg geht, verbauen Sie sich selbst kostbare Chancen. Ich rate Ihnen hier nicht zu blindem, törichten Leichtsinn, der Ihr Leben gefährden kann, sondern zu einer gewissen Risikobereitschaft. Was kann passieren? Vielleicht etwas Unangenehmes – ja, das kann sein. Es gehört dazu, auch mit Rückschlägen, Blamagen und Niederlagen umgehen zu können. Vielleicht müssen Sie auch zweimal wieder von vorne beginnen oder einen umständlichen Umweg einschlagen. Na und? Ist es das, was Sie davon abhält, etwas zu wagen: Umständlichkeit und die Angst vor einem möglichen Scheitern? Jede unangenehme Erfahrung, die aus einer ursprünglich freudigen Abenteuerlust entstanden ist, ist kostbar.

Dirk F., Musiker

Mein Klient Dirk ist Orchestermusiker und brauchte eine Auszeit. Die Stimmung im Orchester war bissig und ein Mitmusiker schoss gezielt auf ihn. Mit Erfolg. Dirk fühlte sich getroffen, geschwächt und außer Gefecht gesetzt. Er war zu mir gekommen, um seine Schlagfertigkeit und Resilienz zu erhöhen. Ich bat ihn stattdessen, die Augen zu schließen und sich diese Person anzusehen. Anhand seiner Mimik konnte ich gut erkennen, dass er seinen Mitmusiker klar vor Augen hatte. Wir machten ein paar Empathieübungen. Ich ließ ihn in den Kontrahenten hineinfühlen, was meinem Klienten zunächst extrem widerstrebte: „Das kann ich nicht", „So wie der kann ich gar nicht denken", „Was der fühlt will ich erst gar nicht fühlen" – alles Ausreden, um nicht hinsehen zu müssen. Denn das, was ihm sein Kollege spiegelte, was exakt das, was auch er selbst in sich trug: (Selbst-)Ablehnung, Arroganz, Verbissenheit, Konkurrenzdenken, Eitelkeit – das ganze Programm. Es verlangte Dirk eine Menge Mut ab, sich das einzugestehen, denn mein Klient sah sich selbst eigent-

lich in einem ganz anderen Licht: zugänglich, einfühlsam, humorvoll, harmlos, friedlich. Seine dunkle Seite anzusehen und zu benennen, war neu für ihn. Es überkam ihn das Bedürfnis, ein offenes Gespräch mit dem anderen Herrn zu führen. Er fühlte sich mit einem Mal auf Augenhöhe, fühlte sich der Situation gewachsen. Er hatte nicht mehr das Bedürfnis, alles an sich abprallen zu lassen oder geschickt und treffsicher zu kontern. Er hatte mit einem Mal wieder das Gefühl, authentisch und kraftvoll zu sein.

Doch warum nur kosten solche Schritte so viel Mut und Überwindung? Es liegt an unserem Fortbestandstrieb. Ein Teil unseres Gehirns ist dafür zuständig, unseren Fortbestand sicherzustellen. Ihr heutiges Ein- und Ausatmen sowie Ihr momentaner Herzschlag signalisieren diesem Teil des Gehirns, dass das, was Sie bisher immer so getan oder unterlassen haben, genau richtig war, um den nächsten Tag zu erleben. Und in diesem Stil soll es auch bitte weitergehen, meint Ihr Gehirn.

Sobald Sie sich nun auf ein Gebiet vorwagen, das sich für Sie ungewohnt, unbequem oder gar riskant anfühlt, wird dieser Teil Ihres Gehirns auch dafür sorgen, dass Sie auf der Stelle mit diesem „neumodischen und gefährlichen Unsinn" aufhören. Um dies zu erreichen, produziert es in Windeseile Befürchtungen, Selbstzweifel, Gewissensbisse, Schamgefühle, Misstrauen, ja sogar echte Missgeschicke, um Sie tunlichst wieder in Ihr gewohntes Reich zu manövrieren, wo alles für Sie wieder im vertrauten „grünen Bereich" ist. Das, was ich als „grünen Bereich" bezeichne, wird übrigens auch „Komfortzone" genannt, denn es ist sehr komfortabel, sich nur dort aufzuhalten, wo Sie sich auskennen. Wenn Sie sich nun auf den Gebieten „Sich verteidigen", „Anfeindungen abwehren" und „Tapfer sein" hervorragend auskennen, wird Ihr findiger Fortbestandsmechanismus genau solche Szenarien für Sie kreieren.

Diesen Kreislauf können Sie durchbrechen, indem Sie sich dieses Phänomen zunächst einmal bewusst machen. Machen Sie sich klar, worin Ihr „grüner Bereich" besteht, sprich: was Sie in der Regel tunlichst vermeiden bzw. womit Sie immer wieder konfrontiert werden. Und machen Sie sich schließlich darauf gefasst, dass Sie in den ersten paar Wochen mit dem Gefühl von Zweifel und Unsicherheit in Berührung kommen, sobald Sie eine neue Richtung einschlagen.

Übung: Danke – und nun schweig!

Nehmen Sie sich für die kommende Woche etwas vor, das Mut erfordert. Lächeln Sie von mir aus jemanden auf offener Straße freundlich an, bis Sie von demjenigen eine Reaktion bekommen – egal welche. Versuchen Sie, der Kassiererin im Supermarkt ein Kompliment zu machen oder ihr einen schönen oder gar erfolgreichen Tag zu wünschen. Besuchen Sie ein Seminar, das Sie herausfordert. Verschenken Sie fünf Euro an einen Obdachlosen, obwohl Sie selbst knapp bei Kasse sind. Es wird Ihnen schon nicht das Genick brechen, aber es wird sich „gefährlich" oder „verschwenderisch" anfühlen. Melden Sie sich freiwillig für einen Vortrag auf der nächsten Betriebsversammlung. Ihr Gehirn wird Sie davon abhalten wollen. Wann immer sich Zweifel, Sorgen, Ängste oder Bedenken breitmachen, sagen Sie Ihrem Gehirn: „Danke für die Info, aber schweig jetzt!" Schließlich handelt es sich bei diesen vorgeschlagenen Mutproben um harmlose Dinge.

Ihr Gehirn wendet seine manipulativen und sabotierenden Tricks übrigens auch dann an, wenn Sie eine Gewohnheit ändern oder hinzugewinnen wollen. Ihr Gehirn teilt Ihnen dann mit, wie müde Sie doch sind, wie unnötig die Umstellung gerade heute ist, wie unnütz und wie überflüssig. Ihr Gehirn wird Sie zur Toilette schicken, damit Sie sich der Situation entziehen können, es wird Sie nervös machen oder Ihnen einen Schnupfen schenken, der Sie von Ihrer neuen Gewohnheit abhält. Entscheidend ist, dieses Muster, diesen Trick zu durchschauen. Denn auch hier gilt: „Danke für die Info, aber schweig jetzt!"

Nach ca. 30 Tagen Ihres unermüdlichen Umgewöhnungstrainings wird sich für Ihr Gehirn eine neue Routine eingestellt haben. Ihr Geist hat in der Zeit eingesehen, dass die neuen Erfolgsgedanken weder gefährlich noch peinlich noch lästig sind. Sie sind Gedankensätze wie die vorigen auch – nur eben freundlicher und genauso glaubwürdig. Gewöhnen Sie Ihr Denken daran, Erfolg in Ihrem Leben zu akzeptieren. Gehen Sie erfolgreich, atmen Sie erfolgreich, telefonieren Sie erfolgreich und kaufen Sie erfolgreich Lebensmittel ein.

Mut bedeutet, etwas zu tun, obwohl die Möglichkeit des Scheiterns, der Blamage oder der Verletzung besteht. !

Ihr Mangel: Strahlkraft

Das Gefühl von Glück, Freiheit und Erfolg ist kein Ziel, sondern eine Konsequenz aus entsprechendem Denken und Tun. Menschen, die sich glücklich schätzen, die vor Entscheidungsfreude nur so strotzen und die ihre Erfolgserlebnisse dankbar genießen und mitteilen, haben zumeist eine tolle Ausstrahlung und wirken auf andere sehr anziehend. Anders bei Menschen, die ihr tägliches Glück mit einem zerknirschten „mag ja alles sein, aber" versehen, die ihre Erfolge als nicht nennenswerte Zufälle erachten und die jede Entscheidung als riesengroße Bürde empfinden. Frauen sind darin übrigens ganz groß! Kaum etwas blockiert den Weg in Richtung Erfolg so sehr wie die Angst vor dem, was vielleicht kommt, der Kummer über etwas, das in der Vergangenheit schiefgelaufen ist, und das Grübeln darüber, was andere wohl denken könnten.

Sie können nur dann in Ihrer ganzen Pracht strahlen, wenn Sie zuversichtlich in die Zukunft schauen, wenn Sie großmütig und dankbar über all die lehrreichen Ereignisse aus der Vergangenheit denken und wenn Sie sich auf Ihren eigenen Wert fokussieren, auf das, was Sie in die Welt mitbringen, womit Sie die Welt bereichern. Sie gewinnen an Ausstrahlung, wenn Sie darauf aus sind, das Beste aus sich herauszuholen, weil Sie nämlich wissen, dass das Beste in Ihnen steckt.

Ich verrate Ihnen jetzt eine kraftvolle und schnelle Gute-Laune-Übung für jeden Tag:

Übung: Das Füllhorn

Stellen Sie sich hin und tun Sie so, als ob Sie einen großen Behälter, ein Füllhorn, im Arm hielten. Neben Ihnen steht eine (eingebildete) Tonne, die randvoll ist mit allem, was Sie gut finden. Das können tugendhafte Werte und/oder profanes Materielles sein. In Ihrer Tonne befinden sich beispielsweise Ihre Traumurlaube, Ihr Wunschjob, eine komplett neue Garderobe, Ihr Idealgewicht, jede Menge 500-Euro-Scheine – eben alles, was Ihnen so einfällt. Was zu dieser

Übung nicht passt, ist Bescheidenheit. Letztere müssen Sie bitte für einen Augenblick beiseiteschieben. Greifen Sie nun in die Tonne, ziehen Sie eins nach dem anderen heraus und werfen es mit Wucht in Ihr Füllhorn – so lange, bis Ihnen die Arme lahm werden oder Ihnen wirklich nichts mehr einfällt. Geben Sie sich richtig Mühe damit. Hören Sie nicht eher auf, bis Sie mindestens 20 Dinge, die Ihnen gefallen könnten, von A nach B geschleudert haben. Jetzt heben Sie das Füllhorn hoch und leeren es über sich aus. Stellen Sie sich vor, dass alles, was Sie hineingeworfen haben, an Ihnen festklebt. Genießen Sie diesen Moment und werden Sie getrost süchtig nach diesem bestärkenden, frischen, fröhlichen Gefühl.

Kombinieren Sie diese Übung mit der „Königliche-Krone-Übung" aus dem Kapitel „Ihr Mangel: Erfolgserlebnisse und Ergebnisse" (Übung: Filter wechseln). Wenn Sie sich an das Gefühl von Freude und Selbstachtung gewöhnen, fällt es Ihnen auch leichter, es im Alltag zu empfinden. Je freudvoller Sie leben, desto freudvoller ist Ihr Auftreten. Und ein freudvoller Mensch ist immer anziehender als ein betrübter.

Bernd H., Agenturinhaber

Bernd ist jemand, der mich zum Schmunzeln brachte, so stereotyp kam er als weltmännisch hipper Macho-Macher daher. Sein Alltag bestand aus Statussymbolen, Namedropping und Übertreibungen, aus großen Gesten, lautem Auftreten, dem regelmäßigen Besuch angesagter Locations, kostspieligen Statement-Hobbys und Luxusreisen. Und er war witzig. Witzig und mit dem Herzen am rechten Fleck. Nur war er damals noch dermaßen darauf fixiert, was gewisse Personen von ihm hielten, dass er darüber vergaß, was ihm eigentlich wichtig war, nämlich seine Familie. Was ihm fehlte, war nicht ein offener und freier Geist – den hatte er. Ihm mangelte es an einem weit geöffneten Herzen – und das nicht im chirurgischen Sinne: Er erzählte mir von den Stichen im Herzen und dass diese wohl mit einer Verspannung zu tun hätten, die er sich beim Squash zugezogen habe. Ja klar. Wir arbeiteten an seiner Fähigkeit, Mitgefühl zu empfinden und sich in andere hineinzuversetzen sowie an der Liebe zu sich selbst. Sein Auftreten wirkte nach wenigen Sitzungen weniger polternd, sondern charmant und charismatisch, seine Stimme klang sicher und bestimmt, aber weniger herrisch, er erzählte plötzlich Anekdoten von der Familie, ließ dabei sämtliche Angeberei außen vor und freute sich, dass ihm sein Herz nicht mehr wehtat.

Die Facetten in uns, vor denen wir unbewusst fliehen oder von denen wir uns abwenden, wollen umso stärker bemerkt und beachtet werden. Ein Kind, dem sich die Eltern unaufgefordert und aus eigenen Stücken gerne zuwenden, ist in den allermeisten Fällen ein entspannter kleiner Zeitgenosse. Ein Kind, das Aufmerksamkeit erst einfordern muss, wirkt im Vergleich dazu eher getrieben und tritt oft übermäßig fordernd auf. So ist es auch mit unseren Schattenseiten und den Herausforderungen des Alltags. Sie wollen freiwillig angesehen und sowohl mit Taten als auch mental durch gedankliche Reflexion bearbeitet werden.

Übung: 20 Minuten für die Bewusstmachung

1. *Schreiben Sie in Stichpunkten auf, was Sie an Ihrer Unbeschwertheit hindert, und notieren Sie zu jedem Problem den Körperteil oder das Organ, das Ihnen als Erstes einfällt. Beispiel: „Meine Nachbarin bringt mich auf die Palme." (Galle, Knie)*

2. *Schreiben Sie auf die Rückseite ein paar alltägliche Handlungen, die Sie recht gern tun oder die Sie gern (öfter) tun würden. Notieren Sie auch hier wieder spontan und ohne zu überlegen einen Körperteil oder ein Organ. Beispiel: „Ich gehe gerne zum Bäcker." (Zunge, Magen)*
3. *Nun richten Sie Ihre volle Aufmerksamkeit für jeweils zehn Sekunden der Reihe nach auf die Körperteile und Organe, die Sie notiert haben. Auf diese Weise schenken Sie ihnen Zuwendung, ohne dass sie sich bei Ihnen bemerkbar machen müssen.*

Diese Übung dient dazu, sich des eigenen Körpers bewusst zu werden, kurz einmal über die Zusammenhänge von Gedanken und Körperreaktionen nachzudenken und sich für einen Augenblick aus dem gedanklichen Hamsterrad zu befreien.

Sie wissen ja: Übung macht den Meister. Wenn Ihr Gehirn erst einmal darin geübt ist, trübsinnige Gefühle wie Resignation, Frustration, Zweifel und Antriebslosigkeit zu produzieren, ist es nicht mehr weit bis zur „Meisterschaft", die dann gern in Form eines Burn-out oder einer Depression daherkommt. Für eine positive, gewinnende und gute Ausstrahlung brauchen Sie folgende Zutaten: Selbstachtung, Achtsamkeit, Zuversicht und Dankbarkeit. Ich habe Ihnen eine ganze Reihe von Übungen vorgestellt, mit denen Sie diese Aspekte der Ausstrahlung fördern. Hier noch eine weitere, die mir mein Coach Barbara vor einigen Jahren gezeigt hat:

Übung: Der Ozean der Herzen

Stellen Sie sich hin und halten Sie die linke Hand vor die Brust auf Herzhöhe mit der Handfläche nach unten, gerade so als wollten Sie anzeigen, wie hoch das Wasser steht. Schließen Sie die Augen und stellen Sie sich vor, Sie stünden mitten in einem unendlichen, angenehm warmen Ozean voller liebender Herzen. Alle Herzen sind miteinander verbunden. Ihres ist eins davon. Ohne Ihr Herz wäre der Ozean unvollkommen.

Nun halten Sie mit der rechten Hand eine imaginäre Perle vor Ihre Stirn, und zwar in Höhe der Augenbrauen. Füllen Sie diese Perle mit allem, was für Sie Liebe bedeutet. Führen Sie diese gefüllte Perle zur Stirn, lassen Sie sie durch die Stirn wandern und durch Ihren Körper in den Ozean fallen. Sehen Sie die Kreise, die Ihre Perle der Liebe im Ozean der Herzen hinterlässt. Atmen Sie aus und entspannen Sie Ihre Muskeln.

Unsere Absichten sind Gedanken, die entweder eine positive oder eine negative Schwingungsenergie haben, und sie fördern oder behindern unsere Ausstrahlung – je nachdem. Wenn Sie also glauben, nichts zu besitzen, was Sie geben könnten, dann kann ich Sie beruhigen, denn mit der obigen Übung geben und bewirken Sie mehr als Sie ahnen. Und sobald Sie spüren, dass Sie tatsächlich etwas zu geben haben, empfinden Sie Dankbarkeit. Und auch dieser Aspekt ist einer positiven, zuversichtlichen, verlässlichen Ausstrahlung zuträglich – und somit auch Ihrem Erfolg.

Manche Menschen, die es im Privatleben nicht gerade leicht haben, konzentrieren sich vielleicht deshalb voll und ganz auf ihren Job. Dort erfahren sie Freude und Bestätigung und können sich von den privaten Problemen ablenken. Wenn diese Herangehensweise auf einer bewussten Entscheidung beruht und dem Zweck dient, eine Lösung für das private Dilemma zu finden, ist das völlig o. k. Geschieht die Ablenkung vom Problem jedoch unbewusst und in Form einer Flucht, rächt sich dies, indem sich körperliche Beschwerden bemerkbar machen: von häufigen Erkältungen, Magenschmerzen, Kopfweh und Zahnproblemen bis hin zu Rückenschmerzen, Verspannungen und anderen schwächenden Zuständen. Nehmen Sie Ihren Körper und seine Signale unbedingt ernst. Zwickt es links oder rechts? Was bedeutet das? Welches Organ meldet sich wann und wie?

Übung: Power-Posing

Wenn Sie zwei bis drei Minuten lang in einer sogenannten Machtpose verharren (z. B. Füße auf dem Tisch und Hände hinter dem Kopf verschränkt oder breitbeinig stehend und die Hände in die Hüften gestützt), setzt das einen biochemischen Prozess in Gang, der dafür sorgt, dass Sie sich selbstsicherer fühlen und dass Sie auch von außen als stark und verbindlich wahrgenommen werden.

Auf den Punkt gebracht

Beginnen Sie noch heute damit, Ihre Wahrnehmung für das, was bereits da ist, zu stärken. Trainieren Sie. Denken Sie um, damit sich die Tür für Erfolge plus Unbeschwertheit öffnen kann – und sei es zunächst einmal nur einen Spalt breit.

Stufe 2: Gründlich ausmisten

Erfolg und Zufriedenheit fangen da an, wo das Hadern aufhört. Ohne zwischenzeitliches Hadern spürt man allerdings die Wohltat der Gelassenheit nicht richtig.

Haben Sie sich schon einmal so richtig den Musikantenknochen gestoßen? Dann wissen Sie auch, wie angenehm es ist, wenn dieser gemeine Schmerz wieder nachlässt. Um Erleichterung spüren zu können, muss erst etwas Unangenehmes vorausgehen. Darauf können Sie auch gerne verzichten, meinen Sie? Das glaube ich nicht! Genau so verhält es sich nämlich auch mit Erfolgserlebnissen: Bevor diese in dem gewünschten Lebensbereich wahrgenommen werden können, muss oftmals erst das Gegenteil erlebt werden.

Sie haben allen Grund, sich mit den bisherigen Niederlagen, Misserfolgen, Schwachpunkten und Querelen zu versöhnen. Ohne die wären Sie nämlich nicht in der Lage, über sich hinauszuwachsen und dies auch wahrzunehmen. Erinnern Sie sich noch an die allererste Übung „Einverstanden sein mit dem, was ist"? Machen Sie die jetzt ruhig noch einmal: Schließen Sie Frieden mit der Vergangenheit, damit sich in der Gegenwart alles beruhigen kann und Sie mit dieser Ruhe Ihre Zukunft freudvoller, leichter und erfolgreicher gestalten können.

Wem Niederlagen, Blamagen, Versäumnisse und Ängste fremd sind, der hat keinen Schimmer davon, wie es sich anfühlt, Erfolg zu haben.

Melanie M., Head of Client Services

Ich möchte Ihnen von meiner Klientin Melanie erzählen, die mir zu Beginn einer unserer Sitzungen sagte, wie sehr sie als Kind ihre Mitschüler beneidet habe. Damals schrieb sie eine Eins nach der anderen, legte das beste Abitur in der Geschichte ihres Gymnasiums hin, und zwar ohne großartig dafür „gebüffelt" zu haben, nahm an Musikwettbewerben teil und gewann, nahm an Sportwettkämpfen teil und gewann, probierte eine neue Sportart aus und konnte sie direkt und so weiter und so fort. Und wissen Sie was? Sie litt darunter! Ist das zu fassen? Sie hat sich in ihrem Leben nichts jemals erkämpfen müssen – noch nicht einmal Beliebtheit bei den Mitschülern, denn sie gab mit ihren Erfolgen nicht an und hatte zudem noch Humor. Was ihr fehlte, waren echte Herausforderungen und die Möglichkeit, den Unterschied zwischen Siegen und Nicht-Siegen zu spüren. Erfolg war in ihrem Leben immer da. Er war völlig unspektakulär. Sie riss als Teenager beim Turniersieg zwar die Arme in die Höhe, allerdings nicht aus Reflex und purer Euphorie, sondern weil sie gesehen hatte, dass andere es so machten, und sie wollte nicht unangenehm auffallen. So hielt sie es auch, wenn ihre Agentur einen Pitch gewonnen hatte. Natürlich gewannen sie den neuen Kunden für sich – sie war ja auch die Teamleiterin! Es war entsetzlich langweilig und sie wollte sich davor bewahren, zynisch zu werden. Glauben Sie mir: Ein solches Leben wirkt auf Außenstehende zwar leicht und mühelos, doch pures Glück, spürbarer Erfolg und das Siegen über sich selbst waren Dinge, die Melanie im Laufe der Coaching-Sitzungen erst erlernen musste.

Kommen wir nun zum eigentlichen Thema dieses Kapitels: „Ausmisten". Sich von Altem zu trennen, hat für das Eintreten von Erfolg mehr Bedeutung, als Sie vielleicht glauben mögen. Warum? Weil Sie Altes nur deshalb noch nicht aussortiert haben, weil Sie es entweder aus dem Blick verloren haben, es also nur noch irgendwo im Hinterkopf wabert und Ihnen unbewusst Energie stiehlt, oder weil Sie einfach zu bequem sind, sich neu zu sortieren. Es geht hier um das Neuausrichten von Gefühlswelt, Überzeugungen, Büro und Wohnraum. Sie werden sich noch wundern!

Die eigene Gefühlswelt beleuchten

Wer über andere spricht, offenbart damit, wie er über sich selbst denkt. Geringschätzigkeit ist eine effektive Erfolgs-, Wohlstands- und Glücksbarriere.

Es gibt gewisse Emotionen und Charakterzüge, die das Energielevel senken und Glück und Erfolg die Tür vor der Nase zuschlagen: Scham, Geiz, Neid, Verachtung und Gier. Nur wenige geben zu, dass eines dieser Gefühle die eigentliche Motivation ihres Handelns bzw. Nicht-Handelns ist. Hier fängt Barriere Nummer 1 an: **Scham**. Den meisten sind solche negativen Motivatoren nämlich peinlich.

Solange Sie sich für etwas schämen, das in Ihrem Inneren brodelt, stehen Sie unter Druck – und zwar unter dem unbewussten Druck, „enttarnt“ zu werden. Jeder Mensch hat eine dunkle Seite, die er vorzugsweise nicht der Öffentlichkeit preisgibt. Taucht diese Seite nur dann und wann auf und wird sie von Ihnen wahrgenommen und womöglich auch noch durch gegenteiliges Handeln ausgeglichen, ist die Balance wiederhergestellt. Dazu ist es jedoch notwendig, den eigenen Schatten zu kennen, ihn unerschrocken anzusehen und als Teil der eigenen Person zu akzeptieren.

Geiz ist ein Gefühl, das aus Angst vor Mangel entsteht. Dieses Gefühl ist sehr verbreitet und wurde durch gezielte Werbekampagnen sogar salonfähig bzw. zur erstrebenswerten Banalität gemacht. In Zeiten, in denen gut bezahlte Jobs, Naturressourcen, aufrichtige Zuneigung, Zeit, Anerkennung und glückliche Ehen Seltenheitswert haben, ist es nur zu verständlich, wenn uns der Sinn nach gewissenhaftem Haushalten steht. Es wird an allen Ecken und Enden gespart und gegeizt: an Integrität, an bereitwilligen „Extrameilen", an bedingungsloser Liebe, an Umsichtigkeit beim Kauf von Konsumgütern, an Gelassenheit bei der Kindererziehung und natürlich auch am Geld. Geiz, die vermeintlich clevere Jagd nach dem Supersonderangebot und übertrieben sparsame Pfennigfuchserei sind allgegenwärtig. Ich verstehe, dass Sie diesen Teil von sich nicht als Vorzeige-Statement nutzen wollen. Wenn Sie aber schon das Bedürfnis haben, anderen etwas vorzumachen oder wenigstens vorzuenthalten, dann nehmen Sie wenigstens vor sich selbst die Maske ab und stehen Sie zu sich und Ihrem Geiz.

Übung: Mut zur Geiz-Wahrheit

Sehen Sie für fünf Minuten der Wahrheit ins Gesicht. Erfolg erfordert Mut. Schreiben Sie daher mutig drei Situationen auf, in denen Sie sich als „Sparfuchs" oder „Schnäppchenjäger" bezeichnen würden. Erkennen Sie an, dass alles seinen Preis hat und dass, wenn Sie ihn nicht zu zahlen bereit sind (Stichwort: Billig-Labels und -Ketten, Fleisch vom Discounter etc.), irgendwo auf der Welt jemand anders für Sie den Preis zahlt – eine Fabrikarbeiterin in Bangladesch, ein Kind in Bolivien, ein Tier im Massenagrarbetrieb oder die Natur.

Vielleicht geizen Sie auch mit Ihrer Hilfsbereitschaft, wenn Sie nicht gerade ausdrücklich um Hilfe gebeten werden?

Möglicherweise geizen Sie auch mit Zivilcourage? Notieren Sie mutig und ehrlich mindestens drei Beispiele. Wichtig ist, dass Sie wenigstens einmal kurz zu sich und Ihrem Schatten „Geiz" stehen. Trauen Sie sich zu sagen: „Ja, es stimmt, ich bin manchmal geizig."

Was Ihnen diese Übung bringt? Sie erfordert Aufrichtigkeit und Genauigkeit. Beides sind wichtige Erfolgseigenschaften. Außerdem ist sie unbequem. Falls Sie diese Übung also gemacht haben, gebührt Ihnen mein ganzer Respekt! Falls (noch) nicht, brauchen Sie vielleicht einfach noch ein wenig mehr Mut oder Überwindung. Vielleicht kehren Sie ja zu dieser Übung zurück, sobald Sie dieses Buch fertiggelesen haben? Trösten Sie sich: Sie sind nicht allein mit diesem inneren Widerstand, Geiz zuzugeben. Dieser Aufforderung kommen manche meiner Klienten nur mit sehr großem Widerwillen nach. Und es ist jedes Mal wirklich schön zu sehen, wie befreit sie sich fühlen, wenn sie feststellen, dass sich auch nach diesem unangenehmen Bekenntnis zu sich selbst die Erde weiter dreht, sie nicht verurteilt werden und ihre liebenswerte Sonnenseite nach wie vor in ihnen steckt!

! Geiz resultiert aus der Befürchtung, leer auszugehen oder benachteiligt zu sein.

Wer sich für einen Teil seiner selbst schämt, übt sich gleichzeitig in **Verachtung**. Jawohl, Sie üben! Dieses erniedrigende Gefühl erzeugt über kurz oder lang das Gegenteil von guter Laune und kostet wertvolle Energie. Wenn Sie einen Teil von sich verachten, merkt Ihr Unterbewusstsein das und es reagiert entweder mit körperlichen Symptomen, um Sie auf diese Missstände aufmerksam zu machen, oder es kredenzt Ihnen Alltagssituationen, die diese Verachtung als gerechtfertigt erscheinen lassen. Allerdings bringen die meisten Menschen diese beiden Dinge dann nicht gleich miteinander in Zusammenhang.

Selbstverachtung ist leicht zu entlarven: Wer insgeheim oder unbewusst einen Schattenteil von sich verachtet, lästert leicht und gerne, verschlingt Klatsch-und-Tratsch-Magazine, in denen Prominente zu Schadenfreude-Futter verarbeitet werden, zollt dem Kollegen keine Anerkennung und sucht die Schuld für das eigene Leid in der Familiengeschichte oder in der Politik. Denken Sie immer daran, dass Sie sich regelrecht körperlichen Schaden zufügen, wenn Sie verurteilend über jemanden bzw. über sich selbst denken, lesen, schreiben oder sprechen.

Übung: (Selbst-)Verachtung auflösen

Auch diese Übung erfordert ein wenig Mut und Selbstdisziplin: Binden Sie ein Gummiband um Ihr Handgelenk. Ziehen Sie es stramm und denken Sie negativ über jemanden. Lassen Sie das Band los. Nun merken Sie sehr deutlich, was dieser Gedanke anrichtet: Es tut weh! Tragen Sie dieses Gummiband 30 Tage lang an Ihrem Handgelenk und achten Sie auf Ihre Gedanken. Schießt etwas Herablassendes oder Verachtendes durch Ihren Kopf, lassen Sie es schmerzhaft an Ihr Handgelenk schnellen. Ich verspreche Ihnen, dass Sie spätestens nach fünf Tagen beginnen, Ihre Gedanken in eine andere Richtung zu lenken. Tragen Sie das Band trotzdem die ganzen 30 Tage. Einfach zur Erinnerung.

Zugegeben: Diese Übung ist ein gewagter Schritt aus der Komfortzone heraus. Aus eigener Erfahrung weiß ich jedoch, wie kraftvoll und effektiv diese simple, ja beinahe schon archaische „Technik" ist. Ich versichere Ihnen, dass weder das gemeinschaftliche Lästern in der Kaffeeküche noch das regelmäßige, genüssliche Durchstöbern eines Boulevardblättchens noch der anonyme Beitrag zum Online-Shitstorm oder das bloße Anschauen von verzweifelten Menschen in einem TV-Dschungel etwas ist, was einen erfolgreichen Menschen ausmacht. Ich kenne keinen einzigen wahrhaft erfolgreichen Menschen, der seine kostbare Energie und Zeit für diese Dinge zu opfern bereit wäre.

! Verachtung ist die Basis für Hochmut und Leichtsinn. Beides sind keine guten Erfolgsberater.

Sobald Sie Ihren Geiz und Ihre Verachtung bearbeitet haben, kann es gut sein, dass plötzlich **Gewissensbisse** und **Schuldgefühle** auftauchen. Ihnen fällt auf einmal auf, wie unachtsam, respektlos, kleinlich und intolerant oder sogar faul Sie in der Vergangenheit gewesen sind. Möglicherweise haben Sie aber auch ohnehin schon oft genug mit diesen Schuldgefühlen zu kämpfen und wundern sich, warum Sie ständig mit neuen Schulden, Anschuldigungen oder Schuldzuweisungen konfrontiert werden oder warum Sie ständig das Gefühl haben, nicht Ihre „Schuldigkeit" zu tun, und daher immer mehr arbeiten als andere und auch zu Hause nicht abschalten können.

Machen Sie sich nichts draus. Schuld ist nur eine Erfindung des Menschen. Sie existiert im Naturkontext gar nicht. Konsequenzen in Form von unangenehmen Gefühlen gibt es – ja. Doch Sie sind nicht schuld an etwas, das Sie nicht mit Absicht herbeigeführt haben. Sie tragen höchstens die

Konsequenzen: Entweder Sie sind erfolglos, weniger erfolgreich, als Sie es sich wünschen, oder Sie haben Angst vor ausbleibendem Erfolg. Ganz einfach. Warum sonst würden Sie dieses Buch lesen?

Etwas fühlt sich für Sie unangenehm an. Sie haben das Bedürfnis, etwas zu verändern. Das ist die Konsequenz, die Sie gerade tragen. Sie sehen: Den Anfang haben Sie schon gemacht. Also lassen Sie es nun gut sein mit den Schuldgefühlen und warten Sie nicht auf Absolution von außen oder oben, sondern verzeihen Sie sich kurzerhand selbst. Der Rest kommt dann schon – Sie werden sehen. Sich selbst zu vergeben, klingt für Sie vielleicht überpathetisch, hochtrabend und theatralisch. Vielleicht wissen Sie aber auch gar nicht, was genau Sie sich verzeihen sollten. Egal: Die nachfolgende Übung wird Ihnen bestimmt nicht schaden.

Übung: Das hawaiianische Gebet der Vergebung

Ein traditionelles Vergebungsritual der hawaiischen Huna ist das Ho'Oponopono-Gebet. Es bedeutet so viel wie „die Dinge in Ordnung bringen". Und in leichter Abwandlung geht es folgendermaßen: „Ich trage die Verantwortung. Es tut mir leid. Verzeih mir. Ich danke dir. Ich liebe dich. Ich trage die Verantwortung." Das Gebet richtet sich an Ihr höheres Selbst.

Das Gebetsritual allein ist schon äußerst kraftvoll. Sie können seine Wirkung dennoch verstärken, indem Sie, während Sie dieses Gebet einige Minuten lang mehrmals wiederholen, ein paar bestimmte Energiepunkte in Gesicht und am Oberkörper durch leichtes Klopfen aktivieren: innerster Punkt der Augenbraue, Schläfe, Jochbein mittig unter dem Auge, Nase-Oberlippen-Kuhle, Kinngrübchen sowie zwei Energiepunkte unter dem Schlüsselbein links und rechts neben dem Brustbein.

Sie übernehmen mit diesem Ritual Verantwortung für den Ist-Zustand und lösen gleichzeitig blockierende Schuldgefühle auf. Diese Übung hindert Sie daran, Schuld und Verantwortung für Ihre Situation auf etwas oder jemanden zu schieben. Und selbst wenn Ihnen Übles im Leben widerfahren sein sollte und Ihnen jemand Unrecht getan hat – lassen Sie's jetzt gut sein. Warum? Um das Tor einer inneren Einstellung zu öffnen, die Erfolg und Unbeschwertheit anzieht. Das geschieht nicht von einem Tag auf den anderen – allerdings schneller, als Sie glauben. Machen Sie das Gebet einfach zu Ihrem Abendritual und genießen Sie die Veränderungen.

! Schuldgefühle und Gewissensbisse manifestieren sich nicht selten im Finanziellen, und zwar in Form von Schulden.

Neid bzw. **Missgunst** ist eine ähnlich trübe Sache wie Geiz. Dabei ist es noch ein Unterschied, ob Sie jemanden beneiden oder der Person etwas missgönnen. Beim Neid liegt Ihre Aufmerksamkeit auf genau dem Schritt, den Ihnen ein anderer vermeintlich voraus ist. „Vermeintlich" sage ich deshalb, weil das Gras auf der anderen Uferseite nur grüner zu sein scheint, de facto aber dieselbe Farbe hat wie das hiesige. Neid ist daher einfach nur ein Irrtum, dem Sie aufsitzen, weil Sie glauben, es fehle Ihnen an etwas, das ein anderer bereits hat. Sie wissen schon: der gefühlte Mangel. Und 100 %ig hätte derjenige, den Sie beneiden, gerne etwas von dem, was Sie in rauen Mengen haben. Sie wissen eben nur nicht, was es ist.

Missgunst hingegen ist wirklich schädlich. Und ich wette, ich packe Sie bei Ihren missgünstigen Hörnern, wenn ich Ihnen vorschlage, einer Kollegin, die nicht unbedingt Ihre Favoritin ist, bei der nächsten Beförderungsrunde den Vortritt zu lassen. Oder wie finden Sie meine wahnwitzige (?) Idee, für einen Auftrag, den Sie aus Kapazitätsgründen nicht annehmen können, Ihren sehr erfolgreichen Konkurrenten zu empfehlen? Ich wette, in Ihnen zieht sich alles zusammen, denn Sie fühlen sich regelrecht bedroht und die Antwort, die Ihr Gehirn produziert, lautet: „Auf gar keinen Fall! Ich bin doch nicht bescheuert! Was bitte hat das denn mit Erfolg zu tun?"

Missgunst entsteht aus der Befürchtung, nicht genug vom Kuchen abzubekommen. Diese Befürchtung fühlt sich wie eine Gewissheit an. Gewissheiten und Überzeugungen bestätigen sich leider oftmals im Alltag.

Ich gebe zu, dass dies die Königsklasse ist. Doch Sie merken schon, dass auch dieses Gefühl ein Teil von Ihnen ist. Es geht im Augenblick nur darum, sich dem eigenen Schatten zu stellen. Neid und Missgunst entstehen immer dann, wenn Sie befürchten, es gäbe nicht genug für alle und schon gar nicht für Sie. In diesem Fall gehen Sie davon aus, dass für Sie nichts Gutes übrig bleibt.

Wie wäre es denn, wenn Sie stattdessen felsenfest davon ausgingen, dass die Dinge, Aufträge und Chancen, die Ihnen entgehen, sowieso nur für Ärger, Stress und Kummer in Ihrem Leben gesorgt hätten? Vielleicht überschätzen Sie sich ja auch und Sie wären an der verpassten Chance nicht etwa über sich hinausgewachsen, sondern zerbrochen? Letztlich verteilt sich alles immer exakt so, wie es gut ist. Und wenn der glitzernde Kelch einmal an Ihnen vorübergeht, bevor Sie

„Hey!" rufen können, dann ist das eine Chance, innezuhalten und tatsächlich über sich hinauszuwachsen – und zwar indem Sie aufrichtig reflektieren, was XY im Gegensatz zu Ihnen richtig gemacht oder aber wovor Sie dieses Versäumnis möglicherweise bewahrt hat. Fantasieren Sie ruhig ein bisschen herum. Nur so können Sie die Scheuklappen ablegen, kreativ werden und lösungsorientiert arbeiten. Hierbei hilft übrigens ebenfalls das Ho'Oponopono-Ritual. Sobald Sie Verantwortung für eine verpasste Chance übernehmen, entgeht Ihnen so schnell keine zweite. Hier noch einmal eine kleine Übung, mit der es Ihnen gelingt, mit der Ist-Situation Frieden zu schließen.

Übung: Es soll so sein

Wenn jemand anderes etwas hat oder bekommt, was auch Sie gerne hätten, geht Ihnen vermutlich einer der folgenden Sätze durch den Kopf:

- *„Herr XY hätte diesen Auftrag/diese Beförderung/diese Gehaltserhöhung gar nicht bekommen sollen, sondern ich."*
- *„Ich hätte einfach besser/schneller/schöner/cleverer/professioneller sein sollen."*

Nun nehmen Sie sich drei bis fünf Minuten Zeit und drehen Sie den Satz ins Gegenteil um:

- *„Herr XY hat diesmal diesen Auftrag bekommen sollen."*
- *„Ich sollte gerade nicht besser sein."*

Widerholen Sie den umgedrehten Satz so lange, bis sich Ihre Stimmung verändert.

Womit wir auch schon beim Gefühl **Gier** wären. Dabei fängt alles so harmlos mit einem zarten Bedürfnis an: ein etwas höheres Einkommen, eine Reise nach Andalusien, eine Wohnung mit einem Zimmer mehr. Und irgendwann wird dieses Bedürfnis erfüllt. Und dann? Eine Weile ist alles schön – doch mit dem höheren Verdienst erhöhen sich plötzlich auch die Ausgaben – das Geld ist ja jetzt da – und immer nur in Europa herumzureisen erweitert den Horizont ja auch nicht wirklich. Bali soll ja wunderschön sein. Und die Malediven erst! Vor allem gibt es die vielleicht bald gar nicht mehr! Vier Zimmer sind zwar o. k., nur könnten die auch ruhig etwas geräumiger sein. Mit all den neuen Anschaffungen durch das erhöhte Einkommen wirken sie ja doch plötzlich ein wenig beengt. Aber dann wünschen wir uns immer mehr und mehr. Erkennen Sie sich wieder?

Habgier ist lästig und führt Sie schleichend vom Erfolg weg, weil Ihr mentaler Fokus auf den Dingen liegt, die Sie nicht haben. !

Sobald die Gier einsetzt, schlagen wir eine Tür zu, und zwar mit „Schmackes", wie man in meiner Heimat sagt. Es ist die Tür zu Erfolgserlebnissen und Leichtigkeit, denn Gier ist der Superlativ der Bedürftigkeit. Ärmer und armseliger können Sie sich gar nicht fühlen, obschon Sie bereits alles haben. Gier ist das unbedingte „Habenwollen" und das „Nicht-darauf-verzichten-Können". Gier macht abhängig und lässt zu, dass Sie sich selbst vor einen Karren spannen, um einer Möhre am Stock nachzulaufen, die Sie nie erreichen werden. Selbst wenn Sie sich Ihren Wunsch erfüllen, sind Sie nach kurzer Zeit wieder hungrig. Die Gier sorgt dafür, dass die Unzufriedenheit wächst. Unzufriedenheit ist nur leider kein guter Motor, um Erfolg, Aufträge, Kunden, Projekte, Aufmerksamkeit, Applaus, Hauptrollen etc. an Land zu ziehen. Umgeben Sie sich gerne mit unzufriedenen Menschen? Gehen Sie gerne in ein Café mit unzufriedenem Personal? Natürlich nicht.

Überlegen Sie, wo Ihre Bedürfnisse herkommen: Möchten Sie vielleicht so wohl situiert sein wie Ihr Nachbar mit den beiden Luxuskarossen vor der Tür? Fänden Sie es schön, so oft in den Urlaub zu fahren wie Ihre Kollegin? Wünschen Sie sich womöglich ein geräumiges Eigenheim mit Garten? Bedürfnisse entstehen aus dem, was wir täglich sehen und womit wir täglich konfrontiert werden – egal ob im echten, im virtuellen oder fiktiven Leben.

Glauben Sie, dass Ihre Wünsche und Bedürfnisse Ihr Ansporn seien, etwas dafür zu tun? Das mag schon sein, doch kommt dieser Ansporn in Wirklichkeit von außen. Er ist nicht Ihr Naturell. Sobald Sie erstmals einen Ansporn von innen spüren, spüren Sie den Unterschied. Die beste Übung hierfür ist einfaches Danke-Sagen.

Übung: Dankbarkeitsübung

Stellen Sie sich vor, Sie hätten kein Zuhause und hätten die letzten Wochen unter freiem Himmel auf hartem und kaltem Asphalt geschlafen, mit nichts als einem Schlafsack und einer zerknitterten Plastiktüte voller Schmutzwäsche. Sie wissen, was Sie draufhaben, wo Ihre Talente liegen, doch niemand traut Ihnen auch nur irgendetwas zu, weil Sie völlig verwahrlost aussehen. Schlüpfen Sie also in diese Rolle und wandern Sie jetzt durch Ihre Wohnung, denn in einer Wohnung waren Sie schon seit Monaten nicht mehr. Nehmen Sie sich die Zeit und gehen Sie aufmerksam durch alle Räume. Ein Bett! Mit Bettzeug! Ein Kühlschrank! Ein Schrank voller sauberer Kleidung! Tassen, Gläser, Töpfe, Gewürze! Schauen Sie die einzelnen Dinge an, schenken Sie ihnen Ihre Aufmerksamkeit und sagen Sie laut oder im Stillen „Danke". Je nachdem, wie geräumig und gefüllt Ihre Wohnung ist, wird es schnell gehen oder etwas dauern. Nehmen Sie sich die Zeit, und zwar immer wieder. Hören Sie nie mehr auf, dankbar zu sein für das, was Sie haben, und hören Sie nie mehr auf, das anzusehen, was Sie bereits besitzen!

Dankbarkeit, die nicht als pfiffiger Mentaltrick praktiziert wird, sondern von Herzen kommt und echt ist, ist ein Erfolgskatapult. Ihr Unterbewusstsein nimmt das wahr und produziert nach einer Weile bestärkende Muster, mit denen Sie mehr Zufriedenheit, Freiheit und Unabhängigkeit verspüren, es produziert Situationen für Sie, die immer wieder aufs Neue Dankbarkeit hervorrufen. Wenn Sie diese Gefühle in sich tragen, strahlen Sie das auch aus. Und nur dann. Zufriedenheit fördert die Konzentration. Unabhängigkeit macht mutig. Freiheit fördert die Kreativität. Dankbarkeit wirkt anziehend. All das brauchen Sie, um erfolgreich zu sein. Schulen Sie sich darin! Tauschen Sie Gier gegen Dankbarkeit aus und erfreuen Sie sich an der Fülle von Möglichkeiten, die sich Ihnen schon nach kurzer Zeit offenbaren.

Mit der Dankbarkeitsübung schlagen Sie übrigens zwei Fliegen mit einer Klappe: Sie reduzieren nicht nur Ihre Gier nach mehr, sondern werden damit auch eine enorme Selbstaufwertung feststellen.

In einer aufgeräumten Gefühlswelt lässt sich das Erfolgserlebnis leichter wiederfinden. **!**

Machen Sie es sich zur täglichen Angewohnheit, sich für wirklich alles in Ihrem Berufsleben innerlich (oder von mir aus auch lauthals) zu bedanken.

„Ich bin heilfroh und dankbar, dass mein Rechner so zuverlässig funktioniert"

„Ich bin heilfroh und dankbar, dass mein Smartphone mir so gute Dienste leistet."

„Ich bin heilfroh und dankbar, dass ich erwerbstätig bin."

„Ich bin heilfroh und dankbar für jeden meiner Klienten und für alle, die noch auf mich zukommen."

„Ich bin heilfroh und dankbar für jeden Euro, den ich jemals eingenommen habe und für jedes Einkommen, das noch auf mich zukommt."

„Ich bin heilfroh und dankbar für das Essen in der Kantine – immerhin gibt es welches!"

30 Tage – und Sie werden verblüfft sein!

Geschäftspartner freundlich und mit Respekt. Was liegt also im Argen?

Sollten Sie bei dieser Aufzählung innerlich schon gezuckt haben, dann bringen Sie bitte diese Bereiche erst einmal für sich ins Lot: Ist Ihre Qualifikation unzureichend für das, was Sie anstreben, dann holen Sie jetzt entweder nach, was Sie glauben versäumt zu haben, oder aber – wenn das Nachholprogramm nicht realisierbar ist – werden Sie zum „Hacker" oder „Neuerfinder" Ihres Berufs: Sehen Sie sich als jemand, der irgendwo durch eine Luke eingestiegen ist, wo andere brav die Tür genommen haben, und variieren Sie jetzt das vermeintliche Regelwerk Ihres Berufsstandes nach Ihrem Gusto und dennoch zum Wohle aller. Nicht alle Hacker verbreiten Viren und bringen Server zum Absturz, manche treiben auch einfach nur Schabernack, aber: Alle Hacker sind in irgendeiner Form kreativ! Definieren Sie Ihren aktuellen Job neu, entwickeln Sie Ihre eigene Methode, Ihren eigenen Stil und schreiben Sie auf, welche Persönlichkeitsmerkmale dafür nötig sind. Sehen Sie zu, dass diese Teil Ihrer Persönlichkeit sind.

Wenn Sie Ihre Dienstleistung oder Ihre Räumlichkeiten verbessern können, dann bitte: Tun Sie's! Falls Sie Zweifel an der Wertigkeit Ihres Produkts haben, dann verbessern Sie es oder kreieren Sie ein neues Produkt und damit ggf. auch einen neuen Job. Ist Ihnen das zu anstrengend oder zu riskant, dann ist die Sache mit dem Erfolg nichts für Sie. Erfolgreiche Menschen gehen selten den supersicheren, absehbaren, vorgefertigten und ausgetretenen Weg. Im Gegenteil: Sie meiden ihn!

Hinderliche Überzeugungen loslassen

Lassen Sie uns nun zu den Überzeugungen kommen, mit denen Sie sich bisher unbewusst selbst den Wind aus den Segeln genommen haben. Je nachdem, wie wir in Sachen Erfolg und Glück geprägt sind, sabotiert unser Unterbewusstsein unsere Ziele und Wünsche. Möglicherweise schlummert in Ihnen ein Satz, der den Erfolg immer wieder von Ihnen wegstößt.

> Unterschwellige Überzeugungen wirken wie sich selbst erfüllende Prophezeiungen. **!**

Das ist auch nicht weiter verwunderlich, wenn Sie sich einmal überlegen, dass in den meisten Filmen der kaltherzige, skrupellose und selbstverliebte Egomane immer als jemand in Führungsposition charakterisiert wird: Bei „Grimm" ist es die Königin, die zwar weiß, was sie will, und das Sagen hat, aber dafür das Böse verkörpert. In der TV-Serie „Unsere kleine Farm", die ich als Kind geliebt habe, ist es Mrs. Oleson, die zwar schlagfertig, zielgerichtet und geschäftstüchtig, aber dafür einfach auch schier unerträglich ist. Dann hätten wir noch die blasierten und selbstsüchtigen Titanic-Reisenden der 1. Klasse. Im Film wird der finanzielle und gesellschaftliche Erfolg gerne als übel und gefährlich dargestellt. Der Reiche und Erfolgreiche muss scheitern und eines Besseren belehrt werden – als würden Erfolg und Herzenswärme, Wohlstand und Anstand einander ausschließen. Ich finde das regelrecht empörend! Selbst in Kindersendungen tauchen derartige Stereotype auf. Es ist immer dasselbe Bild: arm und bescheiden = liebenswert, reich und geschäftstüchtig = kalt und egoistisch. So ein Unsinn!

Wenn Sie glauben, dass dies die Wirklichkeit ist, dann machen Sie es doch anders: Seien Sie erfolgreich, geschäftstüchtig, wohlhabend und wohltätig, großzügig, geduldig, weise und liebenswert.

> **!** Geld und Erfolg verderben nicht den Charakter, sondern sie zeigen ihn mit der Lupe.

Wenn Sie mit den oben beschriebenen Bildern und Überzeugungen aufgewachsen sind, wird ihr Unterbewusstsein alles dafür tun, damit Sie sich nicht auf eine Stufe mit den

„bösen, korrupten Reichen" stellen müssen. Ihr Unterbewusstsein wird für- und vorsorglich darauf achten, dass Reichtum, Wohlstand, Erfolg und Fülle in Ihrem Leben schön übersichtlich bleiben. Es wird Zeit, das Bild, das Sie mit dem Wort „Erfolg" verbinden, zu verändern. Seien Sie erfolgreich, genießen Sie finanzielle Freiheit und beweisen Sie, dass es trotzdem möglich ist, das Herz am rechten Fleck zu haben!

Überprüfen Sie Ihre Überzeugungen und kreuzen Sie ruhig an: Was verbinden Sie mit dem Begriff „Erfolg"?

- Korruption, Lug und Trug
- Eitelkeit und Egoismus
- Einsamkeit an der Spitze
- Dauerstress
- nervige Geschäftsessen
- anstrengende Reisen
- Verzicht auf Familienleben und private Interessen
- Neider
- Öffentlichkeit und Mangel an Privatsphäre
- alle anderen, nur nicht mich selbst

Falls Sie tatsächlich etwas davon angekreuzt haben, leuchtet Ihnen jetzt sicherlich ein, weshalb Sie Erfolg bis dato nur bedingt in Ihrem Leben zugelassen haben, wenn überhaupt.

Deshalb: Charakterschwäche und unethisches Verhalten haben mit Erfolg nichts zu tun, sondern mit Angst. Hier spielt die Angst zu versagen, die Angst vor sozialem Abstieg, die Angst, nicht mithalten zu können, die Angst, den Erwartungen nicht gerecht zu werden, die Hauptrolle. Erfolg aber bedeutet aufgeregtes Herzklopfen, Lebendigkeit, Arme hochreißen, jubeln, sich gegenseitig feiern und beglückwünschen, für finanzielle Freiheit sorgen können, großzügig sein, andere unterstützen, für wohltätige Zwecke spenden, sich weiterbilden, Neues lernen, mehr Freizeit haben, Zufriedenheit fühlen, lächeln. **Das** ist Erfolg!

Stefan L., NLP-Practitioner/Coach

Ich erinnere mich an einen Kollegen, der sich auf dem besten Weg in die Insolvenz befand. Wir hatten uns zum Mittagessen getroffen und ich merkte, dass ihn etwas bedrückte. Ich sprach ihn darauf an, und er gab zu, dass er seit einiger Zeit Schwierigkeiten damit hatte, seine Seminare voll zu bekommen. Es fiel ihm sichtlich schwer, dies zu gestehen, denn ein Coach, der sich nicht selbst zu helfen weiß, wirkte seiner Meinung nach unglaubwürdig. Welch ein Unfug! Ich weiß, dass er gut ausgebildet ist und dass der Inhalt seiner Kurse für die Teilnehmer von großem Mehrwert sein kann. Daran konnte es also nicht liegen.

Er entschied sich also kurzerhand für eines meiner Coaching-für-Coaches-Seminare. Dabei kam heraus, dass irgendetwas in ihm sich geschworen hatte, niemals so zu werden wie dieser überhebliche Nachbar aus seiner Jugendzeit, und von Selbstmarketing hielt er gleich gar nichts. Dies zu erkennen und sich davon zu lösen, war für ihn der Toröffner für kontinuierlich gut besuchte Seminare.

! Charakterschwäche, Intrigen und Korruption haben nichts mit Erfolg zu tun, sondern mit Angst.

Wohnung und Keller entrümpeln

Auf den ersten Blick scheinen Wohnung und Keller nicht besonders viel mit dem Thema „Erfolg" zu tun zu haben. Doch ich habe da andere Erfahrungen gemacht:

Wenn Ihr Lebensraum zugepflastert ist mit Dingen, die Sie nicht mehr brauchen bzw. die Sie sogar stören, dann rauben Ihnen diese Dinge Energie und Sie merken es nicht einmal. Material, das ohne festen Platz herumsteht oder -liegt, schränkt Ihre Unbeschwertheit und Leichtigkeit gehörig ein, und diese unterschwellige Stimmung kann sich im Berufsleben zeigen.

Meine persönliche Umzugspleite

Ich erinnere mich an folgende Begebenheit: Ich saß nach einem Umzug völlig erschöpft, aber glücklich in der neuen Wohnung zwischen den vielen Kisten beim ersten Einweihungskaffee, als mir siedend heiß einfiel: „O nein – der Keller!" Von jetzt auf gleich hatte ich das Gefühl, an jenem Umzugstag nichts geschafft zu haben. Außerdem verzögerte sich dadurch alles, was ich geplant hatte. Ich war enorm frustriert. Energie hat mir diese Aktion sicherlich nicht gegeben. Aber sie war mir eine Lehre.

Inzwischen würde ich mich sogar als Meister des Sich-von-etwas-Trennens bezeichnen. Bevor irgendetwas aus meinem Besitz in den Keller wandert, wird es eher entsorgt, verschenkt oder verkauft. Hauptsache die Trennung geht schnell vonstatten. Alles, was keine Miete zahlt, muss raus, sprich: alles, was mir nicht wenigstens einmal im Jahr eine wahre Freude bereitet, verschwindet auf Nimmerwiedersehen.

Ich lege Ihnen nahe, alle vier bis sechs Monate gehörig auszumisten, denn Sie schlagen damit drei Fliegen mit einer Klappe:

1. Sie sind durch das Ausmisten gezwungen, all Ihrem Besitz für einen Augenblick Ihre Aufmerksamkeit zu schenken. Sie nehmen im übertragenen Sinne wahr, was sich bei Ihnen auf der Haben-Seite befindet. Sie sehen die Fülle und halten Sie buchstäblich in Ihren Händen.
2. Sie schaffen Platz für Neues, Besseres, Schöneres, Aktuelleres. Mit dieser inneren Einstellung können Sie Enormes bewegen. Nutzen Sie das Potenzial!
3. Sie kreieren aktiv die Möglichkeit, am eigenen Leib zu erleben, was es bedeutet, großzügig zu sein, und zwar indem Sie mindestens zwei Dinge verschenken, die Sie genauso gut noch hätten verkaufen können. Oder Sie verkaufen alles und spenden mindestens fünf Prozent der Einnahmen. Ist auch eine gute Gelegenheit, sich großzügig zu fühlen.

Möchten Sie wissen, warum ich es so wichtig finde, dass Sie sich auf dem Weg zum Erfolg großzügig fühlen? Weil erfolgreiche und glückliche Menschen nun einmal großzügig sind! Und wissen Sie was? Diese Menschen wären es sogar, wenn sie weniger zum Teilen hätten. Es ist eine Frage der Prägung, der Gesinnung und der Gewohnheit bzw. der Übung. Ich habe durch meine Arbeit Kontakt zu sehr erfolgreichen und auch wohlhabenden Menschen, deren monatliche Einkünfte für viele sicherlich ein wahrer Traum wären. Zwei von ihnen stammen aus extrem wohlhabenden Familien und sind mit Worten wie „Wohltätigkeit", „Ehrenamt" und „Spenden" aufgewachsen. Für sie ist es vollkommen selbstverständlich, etwas vom köstlichen Kuchen abzugeben – aus reiner Gewohnheit!

> ### *Sara M., Künstlerin und Moderatorin*
>
> *Ich habe eine Klientin, die aus einem ganz anderen Umfeld stammt: Ihre Eltern waren damals, als sie nach Deutschland kamen, alles andere als reich. Und dennoch ist sie mit schier grenzenloser Großzügigkeit aufgewachsen: Sie wuchs mit dem Bewusstsein auf, jederzeit genug zu haben, um anderen etwas davon abzugeben – und seien es nur zehn Cent. Allerdings war ihr dies nie bewusst gewesen. Unnötig zu sagen, dass Sara in ihrem Beruf sehr erfolgreich ist.*

Als kleinlich oder gar geizig erlebe ich übrigens ausschließlich Menschen, die fest davon überzeugt sind, dass sie niemals etwas zum Teilen oder Abgeben haben werden, und die sich deshalb an allem festklammern, was ihnen zuteil wird. Diese Menschen befinden sich in einem gefühlten Mangelzustand mit der bangen Vorahnung, dass dieser Zustand für immer anhalten wird. Und sie behalten in der Regel auch recht, wenn sie an ihren Überzeugungen festhalten. Umso schöner ist es zu sehen, welcher Wandel sich vollzieht, sobald der Geiz-Schalter umgelegt ist. Menschen hingegen, die freigiebig spenden und teilen, obwohl sie vielleicht selbst nicht besonders viel haben, rechnen unterschwellig damit, dass alles Gute in irgendeiner Form wieder zu ihnen zurückkommt. Es ist Ihre ureigene Entscheidung, zu welchem Typ Mensch Sie ab heute gehören.

Immerhin: Wenn Sie in der Lage sind, dieses Buch zu lesen, leben Sie mit großer Wahrscheinlichkeit in einem der reichsten Länder der Erde, haben einen festen Wohnsitz, essen täglich und leben in hygienischen Verhältnissen. Sie haben ein Bankkonto, können zum Arzt oder Heilpraktiker gehen, sobald Sie sich kränklich fühlen, und Sie haben ein Luxusproblem: Sie wollen mehr Erfolg (Ansehen, Status, Geld) und wissen nicht genau, wie Sie ihn auf Dauer bekommen sollen. Sie sind vielleicht pleite, aber Sie sind nicht arm! Pleite-Sein ist immer nur ein vorübergehender Zustand – Armut hingegen nicht. Armut ist eine Geisteshaltung, die genährt wird von Sätzen wie:

- Ich habe nichts.
- Ich bin nicht gut genug.
- Ich kann ja eh nichts machen.
- Was kann ich schon bewirken?! Nichts!
- Mir hört sowieso niemand zu.
- Ich komme eben aus bescheidenen Verhältnissen.
- Arm zu sein, ist Schicksal.
- Die Reichen sind alle korrupt!
- Geld wächst nicht auf Bäumen.
- Wir hatten nie viel Geld.
- Geld allein macht nicht glücklich.
- Geld verdirbt den Charakter.

Bla, bla, bla … Natürlich macht Geld allein nicht glücklich! Es ist immer die Kombination aus unterschiedlichen Werten und Aspekten, die Glück und Zufriedenheit bedeuten. Aber ohne eine gewisse Menge Geld macht der Alltag in unseren Breiten eben auch keinen Spaß. Viele schlagen sich dann irgendwie durch und jammern insgeheim, weil Zufriedenheit eben doch von empfundener Freiheit und Selbstbestimmung abhängt.

Jeder Mensch hat das Recht, nicht nur **genug** Geld zu besitzen, um nämlich Rechnungen und Verbindlichkeiten zu bezahlen, sondern **mehr als genug**, und zwar um frei und unbeschwert gute Entscheidungen treffen zu können, die vom Preis unabhängig sind. Und Geld verdirbt auch nicht den Charakter, sondern zeigt ihn: Ein reicher, aber geiziger Mann wäre auch dann geizig, wenn er arm wäre – nur hätte er dann für seinen Geiz eine Ausrede und niemand wüsste etwas von diesem Charakterzug.

Sätze wie die aus der obigen Liste rauben Ihnen Ihre Entscheidungsfreiheit, schüren Minderwertigkeitskomplexe und Neid, und Sie weisen mit solchen Sätzen die Eigenverantwortung von sich. Man nehme einen Topf voller Ängstlichkeitsgeiz, füge ein wenig Stress und Krankheit hinzu, garniere alles mit Schuldgefühlen und Neid – und fertig ist ein zuverlässiger Erfolgskiller! Setzen Sie daher unbedingt das Gummiband ein, sobald Sie sich selbst ertappen. Und formulieren Sie Ihren Bremsklotz-Gedanken umgehend um.

Misten Sie also Ihre Schränke, Regale, Keller und Abstellkammern aus und überlegen Sie, ob Sie all das unnütze Zeug verkaufen oder spenden bzw. den Erlös oder einen Teil davon für wohltätige Zwecke einsetzen wollen. Vielleicht können Sie mit einigen Ihrer Habseligkeiten jemandem aus Ihrem Freundes- oder Bekanntenkreis auch noch eine Freude machen? Nichts, von dem, was Sie besitzen, ist zu schade, um es jemandem zu schenken, der weniger privilegiert ist als Sie, und kein Schmuck, keine Garderobe, kein Buch der

Welt ist in Ihren Händen besser aufgehoben als in denen eines Bedürftigen.

Manch einer hegt beim Ausmisten vielleicht den verunsicherten Gedanken: „Aber vielleicht kann ich das alles ja später noch einmal selbst gebrauchen?" Meine Antwort lautet: Nein, können Sie nicht. Und wenn doch, dann haben Sie bis dahin längst das nötige Geld übrig, um es sich neu zu kaufen.

! Verkaufen, spenden und verschenken bringt die Dinge in Fluss und Entrümpeln sorgt für Leichtigkeit und Klarheit.

Klar Schiff machen im Büro

Erfolg erfordert Kreativität, die Lust, etwas völlig Neues zu erschaffen. Ohne ein Höchstmaß an Schaffenslust kann sich kein Erfolg einstellen. Ablenkung und das Suchen von Dingen oder Dokumenten binden jedoch Energie und Zeit. Administrative Aufgaben, die nun einmal zu jedem Geschäft dazugehören, sollten nur so viel Zeit wie eben nötig in Anspruch nehmen, damit mehr Raum für Kreativität und Lösungsfindung bleibt. Idealerweise delegieren Sie diese Aufgaben. Ist das mangels Personal nicht möglich, markieren Sie sich einen Tag im Kalender dieser Woche und räumen Sie auf. Beginnen Sie mit dem Offensichtlichen.

Wichtig ist, dass Sie sich in Ihrer Arbeitsumgebung wohlfühlen. Natürlich sind Sie weniger ablenkbar, wenn sich in

Ihrem Blickfeld wenig Ablenkendes befindet – und dennoch ist es angenehmer, gewisse Dinge griffbereit zu haben. Ich bin zwar keine Feng-Shui-Beraterin, doch auch ich weiß, was für innere Unruhe sorgt: Mit dem Rücken zur Tür zu sitzen oder uralte Dokumente und Papiere auf dem Tisch herumliegen zu haben, gehört dazu. Räumen Sie solchen Krempel weg. Trennen Sie sich vor allem von Staubfängern jeglicher Art und Kokolores, der mit Ihrer Arbeit nichts zu tun hat, denn das alles bindet Energie. Weg damit! Und geben Sie dem To-do-Korb und der To-do-Liste ab heute die Bezeichnung „Fast erledigt"– das klingt gleich erfreulicher. Löschen Sie alle zwei Wochen alte E-Mails, Newsletter und Urlaubsbenachrichtigungen, die Sie per Autoresponder bekommen haben. Durchforsten Sie Ihre Kontaktdatenbank und trennen Sie sich von Karteileichen. Mit den wichtigsten Kontakten sind Sie doch sowieso schon Online verbunden. Sind Sie nicht? Dann wird es Zeit!

Übung: Diese Mail wird ungelesen gelöscht

Kündigen Sie in Ihrer automatischen Abwesenheits-Mail an, dass sämtliche Mails, die zwischen Tag x und Tag y eingehen, ungelesen gelöscht werden. Verzichten Sie darauf, für den Fall von Dringlichkeit an den für Sie einspringenden Kollegen zu verweisen. Ich verspreche Ihnen, dass sich der Absender zu helfen wissen wird, falls wirklich etwas dringend und wichtig sein sollte. Das meiste hat sich bis zu Ihrer Rückkehr längst erledigt, und den Status quo samt akutem Handlungsbedarf sollten Sie sowieso lieber im persönlichen kurzen (!) Update-Meeting besprechen.

Ich weiß – Sie gähnen bei diesem Wahnsinnstipp, dennoch halte ich ihn für erwähnenswert. Übrigens: Wie viele Karriereratgeber und Fachbücher stehen eigentlich in Ihrem Regal? Brauchen Sie die alle? Lesen Sie die noch? Oder recherchieren Sie vielleicht inzwischen doch eher online? Alles, was Sie als überholt, langweilig, ineffizient oder unnütz erachten, sollten Sie verschenken oder verkaufen. Schaffen Sie Platz für Klarheit und trennen Sie sich von altem Krempel! Trennen Sie sich auch von diesem Buch, sobald für Sie alles wie am Schnürchen läuft! Hören Sie auf, theoretisches Wissen in Ihren Regalen und in Ihrem Kopf zu horten, ohne es anzuwenden. Machen Sie mit sämtlichen Übungen aus diesem Buch Ihre persönlichen Erfahrungen, behalten Sie einige von ihnen als tägliche Routine bei und kreieren Sie mit Ihren eigenen Erfahrungen Ihr eigenes Know-how. Werden Sie Ihr eigener Experte.

! Das, was Sie im Büro oder auf dem Rechner horten, bindet Ihre Energie, ohne dass Sie es merken. Lösen Sie sich!

Auf den Punkt gebracht

Kram und Krempel (egal ob in materieller, digitaler, emotionaler oder gedanklicher Form) rauben Energie und Freiheit, sie machen träge und unflexibel und sie lenken vom eigentlichen Fokus ab. Schauen Sie alles durch, seien Sie dabei rigoros und unbarmherzig bei der Trennung und schulen Sie sich in Sachen erfolgreicher Großzügigkeit.

Stufe 3: Persönlichkeit stärken

Wer meint, dass das, was schön ist, so bleiben sollte, wie es ist, täuscht sich. Sobald etwas Schönes zerbricht, macht es Platz für etwas Besseres. Die meisten Menschen, die sich mehr Balance im Leben wünschen, sehnen sich in Wirklichkeit nach einem Ungleichgewicht. Sie wollen, dass das Schöne überwiegt, und übersehen es dennoch.

Gehören Sie dazu? Möchten Sie auch, dass das Gute, Schöne und Angenehme überwiegt? Das ist natürlich nicht verwerflich, nur sollten Sie sich dessen eben auch bewusst sein. Sie können nicht einerseits mit dem Begriff „Balance" hantieren und andererseits nur Glück erwarten. Wir leben ein Leben mit zwei Polen: hell und dunkel, alt und jung, billig und teuer, groß und klein. Das eine würde es ohne das andere nicht geben. Fiele ein Pol weg, wäre das, was übrig bleibt, ohne Bedeutung. So ist es auch beim Glück und beim Erfolg. Sie können beides nur dann wahrnehmen, wenn Sie wissen, wie sich das Gegenteil anfühlt.

Gehen Sie davon aus, dass in allem, was Ihnen übel und schlecht vorkommt, immer auch ein Fünkchen Gutes und Lehrreiches steckt, und dass alles, was für Sie rosig und sonnig ist, auch einen Nachteil, eine Kehrseite hat – wenn nicht für Sie, dann vielleicht für jemand anderen. Das ist das Prinzip von Ying und Yang.

Sie haben sich vielleicht schon die eine oder andere Routine, die ich in diesem Buch vorgestellt habe, angeeignet, repetieren fleißig Ihr „Ich bin, ich habe, ich kann" und sehen regelmäßig Ihre Zweieuromünze an. Vielleicht haben Sie auch schon Ihrem gesamten Hab und Gut die gebührende

Aufmerksamkeit, Anerkennung und Dankbarkeit geschenkt und haben Ihren Schattenseiten mutig ins Auge gesehen? Ich gratuliere Ihnen! Sie sind vielen Menschen einen großen Schritt voraus – sogar denen, die dieses Buch ebenfalls lesen, jedoch nichts davon in ihren Tagesablauf integrieren.

! „keine Zeit" = „keine Lust" oder „kein Interesse"

Auf den folgenden Seiten geht es um gesundes, förderliches Denken, um eben solche Persönlichkeitszutaten und um die dazu passenden Gewohnheiten.

Motivation, Eigen-PR, Genius & Bescheidenheit

Es ist wichtig, tief im Inneren zu wissen, dass eine Niederlage oder ein massiver Verlust immer auch eine Wachstumschance bietet. Sollten Sie beruflich auf der Stelle treten, sich wieder und wieder im Kreise drehen und womöglich sogar den Job verlieren, dann können Sie an der Situation, wie sie sich Ihnen aktuell darstellt, ad hoc nichts ändern – nur Ihre Einstellung dazu. Dinge passieren nun einmal in Ihrem Leben – die Frage ist, wie Sie mit ihnen umgehen. Dem bisherigen Denken eine neue, ungewohnte Richtung zu geben, mag die Komfortzone Ihres Verstandes ganz schön strapazieren und herausfordern, doch solange Sie das Umdenken und den Perspektivwechsel ablehnen, können Sie dieses Buch auch direkt zur Seite legen und weitermachen wie bisher. Im Folgenden geht es um vier Aspekte: Motivation, Selbstvermarktung, Genius und Bescheidenheit.

Ihre Motivation – Warum wollen Sie Erfolg haben?

- Wenn ich ehrlich bin, gibt es da einen Kollegen, den ich ganz gerne ausstechen will.

Mit dieser Haltung wird Ihnen Ihr Kollege immer ein Stück voraus sein, denn Sie sind mit den Gedanken bei ihm und nicht bei sich. Möglicherweise ergeht es Ihrem Kollegen ähnlich wie Ihnen. Dann drehen Sie beide sich munter im Kreis wie die Katze, die ihren eigenen Schwanz jagt. Ein solches Szenario ist für Außenstehende putzig anzusehen, für Sie und den Kollegen aber auf Dauer recht frustrierend und ermüdend. Wann immer Sie sich dabei ertappen, dass Ihr Denken um einen Kollegen kreist, richten Sie Ihre volle Aufmerksamkeit auf Ihr Ausatmen und auf Ihren Herzschlag – immer im Wechsel, und zwar so lange, bis Sie sich zwei Minuten lang ohne Unterbrechung auf sich selbst fokussieren können. Fangen Sie jedes Mal von vorne an, sobald sich Ihr Kollege in Ihre Gedanken schleicht.

- Offen gestanden, möchte ich meinem Chef gerne zeigen, was in mir steckt.

Sie zäumen das Pferd von hinten auf! Sobald Sie nämlich selbst wissen, was in Ihnen steckt, wird auch Ihr Chef dies erkennen. Arbeiten Sie an Ihrem Selbstwert, nicht an dem Wert, den Sie vielleicht für Ihren Chef darstellen könnten. Sobald Sie merken, dass Sie wieder einmal Ihrem Chef gefallen wollen, schließen Sie die Augen und loben Sie sich selbst. Ihr Selbstlob sollte sich dabei möglichst übertrieben anfühlen. Vielleicht hat Ihr Chef auch ganz andere Sorgen, als sich um Ihr Bedürfnis nach Anerkennung zu kümmern. Machen Sie sich davon unabhängig, indem Sie sich selbst schätzen lernen und sich das auch selbst zeigen.

- Wenn ich es mir genau überlege, möchte ich in erster Linie meine Eltern stolz machen.

Irrtum! Es ist Ihnen völlig egal, ob Ihre Eltern sich stolz fühlen oder nicht. Stattdessen wollen Sie beeinflussen, wie Sie sich fühlen: Sie wollen bedingungslos von Ihren Eltern geliebt und geachtet werden, damit Sie selbst sich besser fühlen. Geliebt wird ein Mensch allerdings für das, was er im Inneren ist, was ihn also definiert, und nicht etwa für das, was er tut. Lösen Sie sich von dem Bedürfnis nach Anerkennung seitens Ihrer Eltern. Diese Motivation entstammt einer kindlichen Bedürftigkeit, die sich u. U. im Job unglücklich widerspiegelt. Dieser Weg des Sich-Lösens ist lang und kann sehr steinig und mitunter auch schmerzhaft sein. Deshalb sollten Sie sich hierfür einen Coach suchen, der Sie immer wieder motiviert, der Sie unterstützt und Ihnen die Hand reicht, wenn Sie einmal ins Straucheln geraten. Allein ist dieser Weg sehr beschwerlich.

- Ich möchte mir selbst beweisen, was ich draufhabe.

Sie brauchen also Beweise für Ihre Fähigkeiten, weil Sie sich selbst nicht vertrauen und nicht an sich glauben. Wenn Sie aber das, was Sie anstreben, vor Ihrem geistigen Auge sehen, es vielleicht sogar in unbeobachteten Momenten spielen können (so tun, als ob), ist die gewünschte Situation bereits auf dem Weg zu Ihnen. Sie kann sich allerdings nur dann bemerkbar machen, wenn Sie zwischendurch loslassen und Ihre Aufmerksamkeit auf etwas Leichtes und Triviales richten. Lösen Sie sich von Ihren Bedürfnissen nach Beweisen und erfreuen Sie sich am reinen Tun.

- Ich gebe es nur ungern zu, aber ein paar Leuten zu imponieren – das ist mein Ziel.

Sie sehen in diesen gewissen Leuten offenbar etwas, was größer und stärker zu sein scheint, als Sie sich selbst vorkommen. Hören Sie auf, Äpfel mit Birnen zu vergleichen, und konzentrieren Sie sich auf sich selbst und Ihren eigenen Weg, Ihr eigenes Tempo und Ihr eigenes Talent. Wer imponieren will, wurde irgendwann einmal verletzt und begibt sich auf einen Feldzug der Genugtuung. Sie ahnen sicher schon, dass diese innere Haltung weder großmütig noch charakterstark ist. Jemandem imponieren zu wollen, ist paradox, denn allein der Wunsch zu imponieren geht einher mit einer geschwächten Ausstrahlung. Es funktioniert einfach nicht.

- Es ist zwar verpönt, das zu sagen, aber ich will das große Geld machen – egal wie.

Verpönt hin oder her – gegen Ihren Wunsch ist nichts einzuwenden. Wie vorab schon einmal erwähnt: „Geld" ist so neutral wie „Messer" – es kann nützen und es kann schaden, je nachdem, wie geschickt und wohlwollend Sie es handhaben und was Sie damit vorhaben. Was ist denn Ihrer Meinung nach „das große Geld"? Über welches Nettoeinkommen sprechen wir? Was planen Sie, mit dem „großen Geld" zu tun? Orientieren Sie sich an der natürlichen Reihenfolge: Erst kommt das Ziel, die Vision, dann das passende Vorfreudegefühl und schließlich das Mittel. Letzteres kommt sogar wie von selbst, wenn das Ziel nicht nur Ihnen zugute kommt und Sie sich dessen bewusst sind. Fangen Sie am besten damit an aufzuschreiben, wer außer Ihnen von Ihrem „großen Geld" profitieren soll, welche guten Investitionen Sie planen, wie sich Ihr Denken, Fühlen und Handeln eventuell verändern etc. Und klären Sie vorher für sich, zu welcher „Geldspezies" Sie gehören: Sind Sie ein Sparer (Sie horten das Geld), ein Verprasser (Sie geben es ruck zuck aus), ein

Vermeider (Rechnungen und Kontoauszüge bleiben gerne ungeöffnet liegen) oder der Mönch (der über dem „schnöden Mammon" steht)? Jede dieser Gruppierungen kann an ihrer Einstellung zu Geld etwas verbessern – um das Geld im Fluss zu halten und um mehr davon für ein üppiges und dennoch freigiebiges Leben zur Verfügung zu haben.

- Ich will der/die Beste in meiner Branche sein.

Das sind Sie vielleicht schon! Doch was nützt Ihnen das, wenn jemand anderes derjenige ist, der die Aufträge, die Kunden, die Beförderung oder den Job bekommt? Wie gut sind Sie in Sachen Selbstmarketing und Eigen-PR?

Ihre Eigen-PR

Was glauben Sie, wer die guten Aufträge bekommt: Der-/diejenige mit der Topqualifikation oder der/die mit Topqualifikation plus DVD-/Buchveröffentlichung? Wenn Sie irgendwo angestellt sind und sich beim Thema „Aufträge und Veröffentlichungen" nicht angesprochen fühlen, dann blättern Sie jetzt bitte trotzdem nicht achtlos weiter: Es könnte Sie nämlich interessieren, was ich hier zu sagen habe.

Für diesen Teil des Buches nehme ich mich selbst ganz unbescheiden als Beispiel, obwohl mir klar ist, dass das „unfein" und „unanständig" ist – doch ich verfolge damit einen Zweck. Also los geht's: Ich, Katja Niedermeier, geboren in Arnsberg, bin in meinem Metier wirklich richtig gut. So weit erträglich für Sie, oder? Na schön. Allerdings: Gut sind viele. Da lege ich doch einfach noch eine Schippe drauf: Ich bin in meinem Job regelrecht hervorragend! Erstens merke ich das anhand der Ergebnisse und anhand des Tempos, in dem ich diese bei meinen Klienten erziele, und auch an der Nachhaltigkeit. Außerdem sind Feedback und Mundpropaganda entsprechend erfreulich.

Jetzt denken Sie bestimmt: So etwas darf doch nicht gesagt, geschweige denn niedergeschrieben oder gar gedruckt werden!

Und jetzt kommt's: Ich bin außerdem auch noch die mit der Buchveröffentlichung!

Stopp! Genug dieser entsetzlichen, großspurigen, anmaßenden Selbstbeweihräucherung, meinen Sie? Eigenlob stinkt, hat man Ihnen beigebracht? Bescheidenheit ist eine Zier? Nur die stillen Wasser gründen tief? Wissen Sie was? Mit der Einstellung wird das nichts. Und ich verrate Ihnen auch warum: Sie wurden für dieses Leben mit einer Reihe von Talenten beschenkt, und diese Talente nutzen zu dürfen, ist ein Privileg. Es gehört sich einfach nicht, das eigene Talent und das, was dabei herauskommt, unter den Scheffel zu stellen. Bringen Sie es voller Freude und voller Dankbarkeit zum Ausdruck und hören Sie auf, sich in falscher Bescheidenheit zu üben. Selbstverständlich bedanke ich mich täglich dafür, dass ich das, was mir liegt und was mir Freude bereitet, erfolgreich tun kann und damit auch noch meinen Lebensunterhalt verdiene. Das wäre aber nicht möglich, wenn ich mich bedeckt hielte, wenn ich tiefstapeln würde, wenn ich bescheiden wäre.

Ich bitte Sie: Zeigen Sie sich! Glänzen Sie! Heben Sie sich von der Menge ab und geben Sie offen und ehrlich zu, wenn Ihre Leistung hervorragend ist. Ist sie das nicht, dann verbessern Sie sich! Und wenn Sie von etwas wirklich Ahnung haben, dann schreiben Sie ein Buch oder erstellen Sie einen Blog oder – wenn Ihnen das Schreiben nicht so liegt – stellen Sie kurze Soundfiles als Podcast online oder kreieren

Sie Online-Tutorials für YouTube oder Vimeo oder sonstige Videoplattformen. Positionieren Sie sich als der Experte auf Ihrem besonderen Gebiet, der Sie schließlich aufgrund Ihrer Erfahrungen sind, und nutzen Sie Ihr Schreib-/Rede- oder Schauspieltalent für einen kompetenten Expertenauftritt im Netz oder eben offline per DVD, CD oder Buch. Jeder kann das – auch neben der regulären Arbeit.

> **!** Wer bereit ist, sich an förderliche und kreative Denkstrukturen zu gewöhnen, ist bereits so gut wie am Ziel.

Ihr Genius

Niemand kann, muss oder soll alles im Alleingang schaffen. Das anzustreben und von sich zu erwarten, ist der helle Wahnsinn. Lassen Sie sich inspirieren und von Ihrer Intuition führen. Öffnen Sie sich für die Idee, dass es etwas (noch) Unerklärliches gibt, das nur darauf wartet, von Ihnen um Hilfe gebeten zu werden. Glauben und vertrauen Sie Ihrem „höheren Selbst" und beauftragen Sie es damit, Ihnen den Rücken oder einen Parkplatz frei zu halten, Aufträge heranzuschaffen oder Arbeit von Ihnen fernzuhalten. Nutzen Sie Ihren Genius, aber nutzen Sie ihn nicht aus.

> ***Elizabeth Gilbert, Autorin „Eat Pray Love"***
>
> *Elizabeth Gilbert hielt einmal eine Rede darüber, wie es ihr mit ihrem Erfolg ergeht und wie sie mit ihm umgeht. Sie gab zu, enormen Schiss zu haben, dass sie mit ihren ca. 40 Jahren den Höhepunkt ihrer Karriere bereits hinter sich haben könnte und dass sie ab jetzt nur noch Schrott zu Papier*

bringen würde. Im alten Rom ging man davon aus, dass sich besonders begabte Menschen ihre künstlerischen Werke nicht etwa von selbst aus der Toga schütteln, sondern dass eine feinstoffliche „erzeugende Kraft", der Genius, diese Menschen leitet und sie inspiriert. Diese Talentierten ***waren*** *also nicht etwa ein Genius, sondern sie* ***hatten*** *einen. Diese Art zu denken ist sehr gesund, denn sie relativiert so manches. Außerdem nimmt sie den Druck, alles alleine schaffen zu müssen, von uns. Bekamen die Menschen damals Lob und Anerkennung, teilten sie dies dankbar mit ihrem Genius. Bekamen sie Schelte und Schmäh, teilten sie diese ebenfalls. Wie praktisch!*

Da wir alle in gewisser Weise kreativ sind (Stichwort „kreative Lösungsfindung"), halte ich den Gedanken für sehr tröstlich und hilfreich, dass auch uns ein solcher Genius zwecks Brainstorming und Arbeitsteilung zur Verfügung steht. Ich für meinen Teil habe mir jedenfalls schon vor geraumer Zeit angewöhnt, mich für jeden noch so kleinen Erfolg zu bedanken, Lorbeeren dankend anzunehmen und diese innerlich aber an meinen Genius weiterzureichen. Wenn Ihnen das gelingt, bleiben Sie frei von Hochmut, denn Sie wissen, dass alles jederzeit wieder vorbei sein kann, wenn sich Ihr Genius einmal erschöpft fühlt und Ruhe braucht. Sie bleiben achtsam, damit genau dies nicht passiert. Auf diese Weise schützen Sie sich davor auszubrennen. Welchen Sinn ergibt es denn auch, den eigenen Erfolg zu verleugnen oder nur verschämt zuzugeben, wenn dieser doch auf positiven Faktoren wie Gelassenheit, Talent, Glaube, Vertrauen, Fleiß, Disziplin, Ausdauer, Wissen, Herzenswärme und einem unsichtbaren Genius beruht?

Ihre Bescheidenheit

Verwechseln Sie Bescheidenheit bitte nicht mit Genügsamkeit. Letzteres ist eine Tugend, die Ihnen hilft, a) großzügig zu sein und b) zuversichtlich zu bleiben, wenn die Zeiten einmal nicht so gut sind. Bescheidenheit hingegen ist ein sicherer Erfolgskiller. Die eigene Bescheidenheit abzulegen, bedeutet nicht etwa, dass Sie ab sofort jederzeit und überall polternd, laut und über-offensiv mit Ihren Errungenschaften prahlen, sich über andere stellen, herablassend werden und sich ab sofort großspurig mit Dingen schmücken, die Sie sich augenblicklich noch gar nicht leisten können. Sie „dürfen" gerne charmant zurückhaltend und diskret sein, wenn das Ihre Art und Ihr Geschmack ist. Elegante Genügsamkeit hat nichts mit Bescheidenheit zu tun.

Übung: Ihre Umdenk-Liste

Schreiben Sie die folgenden Wörter auf einen Zettel: Erfolg, Reichtum, Geld, Führungsposition, Ruhm.

Jetzt notieren Sie in Stichworten, wer und was Ihnen jeweils spontan zu diesen Wörtern einfällt. Denken Sie nicht lange nach – schreiben Sie wild drauflos! Sobald Ihnen auch nur ein einziger negativer, verächtlicher, ablehnender Gedanke zu einem dieser Wörter kommt, halten Sie inne und beschäftigen Sie sich 20 Minuten lang ausschließlich (!) mit diesem einen Wort: Sammeln Sie alle positiven Aspekte, mit denen Sie das Image dieses Wortes aufbessern würden. Stellen Sie sich dabei vor, dass Sie allein dafür verantwortlich sind, den jeweiligen Begriff positiv zu gestalten. Kleine Hilfestellung beim Brainstorming: Inwiefern könnte der Begriff, dem Sie ablehnend gegenüberstehen, für Ihre eigene Wohltätigkeit, Ihre Großzügigkeit, Ihre Charakterstärke, Ihre Persönlichkeit förderlich sein?

Unser Gehirn verschafft uns genau die Situation, die unser Unterbewusstsein für förderlich hält, um unseren Fortbestand zu sichern. Schätzen Sie – aus welchen Gründen auch immer – die Bescheidenheit mehr als Reichtum und Wohlstand, werden Ihnen im Alltag Situationen begegnen, die Sie dazu zwingen, Bescheidenheit mehr Raum zu geben als Reichtum. Akzeptieren Sie, dass Bescheidenheit etwas anderes ist als Genügsamkeit und freunden Sie sich mit dem Gedanken an, dass Genügsamkeit und Reichtum, Erfolg etc. Hand in Hand gehen können. Bescheidenheit und Erfolg können das nicht.

> Wer glaubt, alles allein schaffen zu müssen, verausgabt sich. Wer glaubt, alles allein geschafft zu haben, irrt. **!**

Glaube, Zuversicht, Disziplin, Integrität & Ethik

Wer sein Inneres bewusst darauf ausrichtet, eine Bereicherung in Sachen Unbeschwertheit und Freude für sein Umfeld zu sein, kann sich darauf verlassen, vom Leben fürstlich dafür entlohnt zu werden. Wie ich zuvor schon anmerkte, sind Glück, Freiheit und Erfolg keine Ziele an sich, sondern Gefühlskonsequenzen, die sich aus einer bunten Mischung der oben genannten Zutaten ergeben. Machen Sie sich diese Zutaten zu eigen und genießen Sie!

Glaube: Intellektuelles Wissen blockiert oftmals den Zugang zur Intuition. Wenn der Verstand mehr trainiert wird als das Bauchgefühl, entsteht ein Ungleichgewicht, das zu Unklarheit und Hilflosigkeit führen kann. Wenn Sie eine Menge studiert und gelernt haben und dennoch glauben, dass Sie über ein gewisses Limit nicht hinauskommen, dann kommen Sie über dieses Limit auch nicht hinaus. Wenn Sie allerdings felsenfest davon überzeugt sind, dass Sie alles erreichen können, was Sie sich nur erträumen, werden Sie immer gute, legale und ethische Mittel und Wege finden, Ihre Ziele zu erreichen. Für die Überzeugung und den Glauben ist das Wissen um das Wie zunächst vollkommen unerheblich, wenn Sie sich nur mit Ihrem Ziel beschäftigen. Was streben Sie an? Möchten Sie irgendwann einmal in einem schönen Haus am See leben? Träumen Sie von einem Luxusurlaub in der Südsee? Streben Sie nach Oscars, Bambis, Echos? Möchten Sie im Berufsleben Ihre Zeit frei gestalten können oder womöglich mit einem Halbtagsaufwand das Doppelte verdienen? Haben Sie schon einmal überlegt, wie es sich anfühlen muss, ein Buch zu schreiben, das dann auch noch veröffentlicht wird? Möchten Sie, dass Ihre Kurse, Seminare und Terminkalender rappelvoll sind? Selbst wenn Ihr Ziel sich augenblicklich noch so anfühlt, als sei es für Sie außer Reichweite, fangen Sie lieber trotzdem an zu glauben, dass es so sein könnte. Kaputtmachen können Sie dadurch nichts.

Übung: Am Glauben arbeiten

Es gibt bestimmte Dinge, denen Sie Glauben schenken. **Beispiel 1:** *Jemand hat Ihnen beigebracht, dass 1 + 1 = 2 ist und Sie haben die Erfahrung gemacht, dass Sie tatsächlich zwei Äpfel im Korb haben, wenn Sie erst einen und dann noch einen hineinlegen.* **Beispiel 2:** *Ihnen wurde einmal gesagt, dass es „ohne Fleiß keinen Preis" gibt, und Sie machen die Erfahrung, dass Sie sich ganz schön abrackern müssen, um Ihre Schäfchen ins Trockene zu bringen.*

Das Ergebnis von Beispiel 1 wurde nie widerlegt, denn es ist ein mathematisches Gesetz. Das Ergebnis von Beispiel 2 dagegen wurde sehr wohl widerlegt. Schon sehr oft sogar. Es gibt unzählige Menschen, die mit relativ wenig Aufwand ein sehr gutes Einkommen haben – und zwar auf sowohl ethische als auch legale Weise. Nur haben Sie selbst diese Erfahrung noch nicht gemacht und können daher nicht glauben, dass dies auch auf Sie zutreffen könnte.

Würden alle Menschen immer nur das glauben, was bereits bewiesen ist, gäbe es keine Weiterentwicklung, keine Neuentdeckungen, keine neuen Forschungsergebnisse.

Dann ginge es uns wie den Oktopussen: Die Muttertiere sterben sobald die Jungen „flügge" werden, und letztere haben keine Möglichkeit, vom Wissen und Erfahrungsschatz älterer Tiere zu profitieren, da sie Einzelgänger sind. Deshalb fängt jede Generation wieder bei Adam und Eva an. Kraken werden sich nicht weiterentwickeln, obwohl sie über eine Gehirnregion verfügen, die über den tierischen Instinkt hinausgeht und von Wissenschaftlern sogar mit „Verstand" verglichen wird. Nur gut, dass Sie ein Mensch sind, was?

Öffnen Sie sich für alles, was Ihnen möglich sowie unmöglich erscheint, und freuen Sie sich, wenn „Wunder" geschehen. Wenn es keine Wunder gäbe, würden sie auch nicht passieren. Sie passieren aber. Das weiß ich aus eigener Erfahrung. Und Wissenschaftler, Forscher und Ärzte wissen das ebenfalls. Und Sie wissen es im Grunde auch. Glauben Sie an sich, an Ihre Intuition, an Ihre Ideen und lassen Sie sich nicht vom Verstand kleinreden – weder von Ihrem noch von einem anderen.

> ! Der Glaube versetzt Berge – nicht das Wissen.

Zuversicht: Manchmal kann sich das Leben wirklich gemein anfühlen – vor allem dann, wenn alles zusammenkommt: Trennung, Jobverlust, Krankheit, Familiensorgen, Existenzängste und dazu die Nachrichten aus der ganzen Welt (verzweifelte Menschen in Flüchtlingslagern, Naturkatastrophen, gequälte Tiere, Korruption und Charakterschwäche in Machtpositionen etc.). Diese Momente sind für manche Menschen schwieriger als für andere. Wie gehen Sie damit um, wenn es nicht nur regnet, sondern wie aus Eimern schüttet? Tun Sie sich leid? Werden Sie ärgerlich? Wollen Sie sich verkriechen oder am liebsten davonrennen?

Flucht, Sich-Totstellen und Angriff sind die Schutzmechanismen des Stammhirns. Wenn der Neocortex, der Teil des Gehirns, der unseren Verstand ausmacht, eine Situation als schlecht oder gar unzumutbar bewertet, bekommt das Stammhirn diese Information als „lebensbedrohlich" übersetzt. Alles, was Sie als unangenehm, schwierig, herausfordernd oder schier unerträglich empfinden, bekommt auf dem Weg zum Stammhirn das Dramaprädikat „akute Lebensgefahr" verliehen. Das Resultat ist, dass Sie – je nach Charaktertypus – bestimmte Situationen meiden, Konflikten aus dem Weg gehen, die Augen vor der Wirklichkeit verschließen (Flucht) oder sich regelrecht blockiert und wie gelähmt fühlen, keine guten Ideen mehr haben und allen Mut verlieren (Sich-Totstellen). Möglich ist auch, dass Sie reizbar sind, unter erhöhtem Blutdruck leiden, zu Kritik neigen, innerlich auf Verteidigung programmiert sind und besser austeilen als einstecken können (Kampf).

Wenn Sie sich auf den Gedanken einlassen können, dass jede noch so widrige Situation Ihr persönlicher Wachstumsdünger ist, ernten Sie Zuversicht. Wann immer Sie sich in einer solchen Situation befinden, denken Sie sich „Danke für den Dünger" und wachsen Sie über sich hinaus. Es ist Ihre eigene Entscheidung, ob Sie sich wie gewohnt einschüchtern, verunsichern oder verärgern lassen oder ob Sie bereit sind, die Umstände für Ihr persönliches Wachstum zu nutzen. Das Schöne ist ja, dass Sie noch nicht einmal ein Konzept haben müssen, wie Sie diesen Gratisdünger nutzen. Es genügt schon, für die Möglichkeit des Wachsens offen zu sein. Der Dünger erledigt den Rest für Sie!

Übung: Die eigene Zuversicht stärken

Fangen Sie damit an, glückliche „Zufälle" zu notieren – z. B. wenn Ihr verspätetes Eintreffen am Flughafen durch eine Verspätung Ihres Fliegers wieder wettgemacht wird oder wenn Sie an jemanden denken und derjenige Sie im selben Moment anruft. Schreiben Sie auf, in welchen Momenten Sie ängstlich oder verunsichert waren und wie Sie heil aus der Situation herausgekommen sind oder wie Sie ein Buch oder ein Zeitungsartikel aufgemuntert hat. Solche Momente werden immer wiederkommen! Je bewusster und dankbarer Sie mit vermeintlichen glücklichen Fügungen umgehen, desto öfter kommen diese vor.

Selbst nach einem Dauerregen kommt irgendwann die Sonne wieder hervor. Achten Sie auf diesen Moment!

!

Disziplin: Um beruflich und privat erfolgreich und glücklich zu sein, ist es völlig unerheblich, ob Sie Überstunden machen, Wochenendarbeit leisten und fleißig und ehrgeizig sind. Viele Menschen handhaben das so und sind trotzdem weder erfolgreich noch glücklich. Disziplin bei der Arbeit ist die Hausaufgabe, sprich: Pünktlichkeit, Verlässlichkeit, das Einhalten von Abgabeterminen, transparente Kommunikation, akkurates, lösungsorientiertes Arbeiten, Konzentration auf das Wesentliche und wirtschaftliches bzw. unternehmerisches Denken und Handeln sind Standardwerkzeuge, die jeder in seinem Beruf benutzen sollte.

Doch wie sieht es mit Ihrer Disziplin außerhalb des Büros aus? Ich verrate Ihnen einmal, was ich glaube: Ich glaube, Sie haben mit dem Ausmisten noch nicht einmal gedanklich begonnen und haben dies in den nächsten Wochen auch nicht ernsthaft vor. Ich glaube, dass Sie, wenn Sie dazu neigen, private Termine kurzfristig abzusagen, entweder unkonzentriert oder unstrukturiert sind. Wenn Sie es nicht schaffen, Ihr Privatleben reich und erfüllend zu gestalten, gelingt Ihnen dies auch im Büro nicht vollends.

Außerdem glaube ich, dass Sie, wenn Sie sich im Freundeskreis negativ über Dritte äußern, dies auch im Büro so handhaben, anstatt Konflikte oder Unstimmigkeiten wohlwollend aus dem Weg zu räumen.

Weiterhin glaube ich, dass Sie auch im Büro nicht gerade vor innerer Ruhe strotzen, wenn Sie sich a) nicht dazu disziplinieren, zwischendurch innezuhalten und b) auch im Privatbereich nicht in der Lage sind, wenigstens läppische fünf Minuten am Tag zu meditieren und Innenschau zu betreiben.

Nach dem, was Sie im Privatleben meiden, suchen Sie auch im Berufsleben nicht gerade: Meiden Sie die Anstrengung, gehen Sie auch im Job den bequemen Weg. Meiden Sie privat die Aussprache, suchen Sie das Gespräch auch eher in der Lästerecke als das mit dem betreffenden Kollegen. Gehören Sie privat zu den Leuten, die sich lieber einladen lassen, werden Sie Ihrem Arbeitgeber auch nichts schenken, sondern eher noch etwas aus dem Materialschrank mit nach Hause nehmen. Das meine ich mit Disziplin.

Übung: Disziplinieren Sie sich

Wer sich in der Kindheit und Jugend daran gewöhnen durfte, ausschließlich angenehme und lustorientierte Wege zu gehen und inneren Widerständen mit Nachsicht und Ausweichen zu begegnen, tut sich als Erwachsener schwer, sich auf Neues einzulassen. Sollte das auf Sie zutreffen, werden Sie vermutlich meisterhaft darin sein, Ausreden zu finden und lästige Dinge vor sich herzuschieben. Sie werden beispielsweise Ausreden dafür finden, warum Sie keine Zeit oder keine Ruhe für eine tägliche kurze Meditation haben. Sie werden Gründe finden, warum Sie die angefangene Diät oder Ernährungsumstellung nicht durchziehen können. Sie werden Bücher anfangen und nicht zu Ende lesen. Sie werden Ratgeber lesen und die Übungen nur in der Theorie wahrnehmen. Sie werden nach dem Besuch eines Persönlichkeitsseminars anfangen, an sich selbst zu arbeiten, und nach vier Wochen wieder damit aufhören.

Erziehen Sie sich – egal ob Sie 23, 48 oder 72 Jahre alt sind. Trainieren Sie sich in Sachen Disziplin: Stehen Sie immer zu Ihrem Wort. Halten Sie immer Ihr Versprechen. Erledigen Sie heute (!) die lästigsten und längst überfälligen Angele-

genheiten. Entfernen Sie noch heute jegliche Ausreden aus Ihrem Leben. Ich könnte wetten, Sie tun es nicht. Aber ich glaube ja an Wunder …

Erziehen Sie sich zu mehr Disziplin. Selbst wenn dies bedeutet, dass Sie sich mehr Ruhe antun.

Integrität: Als wie integer bzw. unkorrumpierbar würden Sie sich selbst einschätzen? Wie kongruent sind Ihre Taten mit Ihren Worten? Sind Sie sich darüber im Klaren, dass sich Ihre Überzeugungen und Ihre Werte in Ihrem Handeln oder im Ziehen von Konsequenzen ausdrücken? Wie bestechlich sind Sie bzw. wer kann Sie bestechen und Ihre Gefühle manipulieren? Sagen Sie eine Verabredung zu, obwohl Sie keinen großen Wert auf das Treffen legen, nur um kurzfristig aus fadenscheinigen Gründen wieder abzusagen? Würden Sie einem ehrlichen, aber nervigen Kollegen in den Rücken fallen, wenn es Ihrem Vorwärtskommen (zunächst) zugute käme? Geben Sie Ihre Selbstbestimmtheit und Kreativität für ein regelmäßiges Gehalt und vermeintliche Sicherheit auf?

Integrität bedeutet, authentisch, aufrichtig und ohne Gewissensbisse in den Spiegel schauen zu können, und ich bin sicher, dass jeder, der sich für integer hält, täglich die eigene Integrität infrage stellt und sich herausgefordert fühlt.

Übung: Die eigene Integrität schulen

Hören Sie ab heute in sich hinein und handeln Sie entsprechend. Wenn Sie von irgendwem eingeladen werden, jedoch kein Interesse an einem Treffen verspüren, dann sagen Sie gar nicht erst zu! Sagen Sie offen und ehrlich, dass Sie zu beschäftigt sind (das kann auch die Beschäftigung mit der eigenen Integrität sein). Und wenn Sie jemandem Ihre Hilfe anbieten, dann tun Sie das bitte, ohne eine Gegenleistung zu erwarten, denn ansonsten ist es ein Geschäft, das Sie lediglich als Hilfestellung tarnen. Verzichten Sie ab heute auf solche Tricks. Wenn Sie ankündigen, etwas zu tun, dann tun Sie es auch, denn sonst ist Ihr Wort nur wenig wert. Wenn Sie sehen, dass etwas dringend erledigt werden muss, dies aber offiziell nicht in Ihren Zuständigkeitsbereich fällt, dann lassen Sie sich die entsprechende Befugnis geben, sich darum zu kümmern, sofern es Ihre Kapazität erlaubt, und packen Sie es an! Übernehmen Sie Verantwortung für das, was Ihrer Wahrnehmung nicht entgeht. Oder halten Sie sich zurück und urteilen Sie nicht, wenn etwas unerledigt geblieben ist. Üben Sie sich darin, bewusst aktiv oder bewusst passiv zu sein, und zwar zum Wohle aller und mit aller Aufrichtigkeit, die in Ihnen steckt.

„Walk your talk."

Ethik: Was immer Sie tun und was immer Sie über sich und die Welt denken – Sie tragen in irgendeiner Form die Konsequenzen. Es ist ein Gesetz der Natur, dem Sie unterliegen. Der Preis, den Sie für unethisches Handeln und Denken zahlen, kann sich auf völlig anderer Ebene und in einem ganz anderen Kontext zeigen, und dennoch zahlen Sie ihn. Schnäppchen existieren nicht. Sobald Sie sich auf unethische Weise bereichern und sich einen Vorteil verschaffen wollen, wird Ihnen früher oder später an anderer Stelle etwas genommen: Ansehen, Besitz, Zuneigung, Entscheidungsfreiheit, Gesundheit etc. Was auch immer Sie an

Einbußen in Sachen Erfolg, Wohlstand und Wohlbefinden haben, gründet sich immer auf bewusstem oder unbewusstem unethischen Handeln bzw. Denken. Es existiert kein Unglück und kein Übel, das einfach nur aus Jux und Tollerei auftaucht, weil „das Leben nun mal so ist". Nein, das Leben ist eine Aneinanderreihung von Konsequenzen. Es gibt etliche hervorragende Bücher darüber, wie und warum Krankheiten und körperliche Beschwerden entstehen, wozu sie dienen können, was sie ausdrücken, auf welche Missstände sie aufmerksam machen, wie der Mensch sich selbst heilen kann und warum bzw. woran selbst redliche und friedliche Menschen schwer erkranken. Es lohnt sich wirklich, sich mit diesem Thema zu befassen.

Womöglich schreien Sie jetzt entrüstet auf: „Ich habe mir nie etwas zuschulden kommen lassen, rackere mich ab, bin immer freundlich, pünktlich und hilfsbereit und tue keiner Fliege etwas zuleide – und trotzdem verliere ich meinen Job (muss Insolvenz anmelden, bin pleite oder muss jeden Cent umdrehen). Wo bleibt denn da die Logik? Wo ist das denn bitte gerecht?!" Ich verspreche Ihnen, dass Sie entweder etwas Entscheidendes übersehen – dass Sie nämlich sehr wohl etwas zu verantworten haben – oder aber, dass Ihnen die Wahrnehmung für die Chancen, die sich Ihnen durch die bittere Erfahrung bieten, fehlt: Neuanfang, geforderte Charakterstärke, Neues lernen, wagemutige Weiterentwicklung, zum Krisenexperten werden etc.

Vielleicht denken Sie aber auch ganz nonchalant, dass doch jeder ab und an einmal Pech hat und dass das zum (Arbeits-) Leben dazugehört. Zähne zusammenbeißen, tapfer sein und durch, oder? Exakt! Sie sagen es! Die Frage ist nämlich, wie Sie mit einer Pechsträhne umgehen, wie Sie diese reflektieren und was Sie daraus machen. Denn die Frequenz, mit der diese Dinge in Ihrem Leben passieren, können Sie steuern. Gewöhnen Sie sich an, Konsequenzen – in welcher Form auch immer – willkommen zu heißen, und seien Sie gewillt, aus diesen etwas für die Zukunft zu lernen und Ihr zukünftiges Handeln entsprechend achtsamer auszurichten.

Übung: Ethisches Leben und Arbeiten

Es ist eigentlich ganz simpel: Halten Sie sich, so gut Sie eben können, fern von Ausbeutung. Überlegen Sie gut, was Sie wie oft neu anschaffen, denn die Müllproduktion, die wir durch unsere Neuanschaffungen indirekt in Auftrag geben, ist schier unvorstellbar. Überlegen Sie gut, wer die Differenz in Form von Lebensqualität zahlen muss, die Sie selbst beim Schnäppchenkauf einsparen. Setzen Sie auf Wachstum und nicht auf Profit. Schauen Sie auf das Haben und nicht auf das Habenwollen. Sie und Ihre Firma sind mehr wert als das Billigste vom Billigen. Investieren Sie in sich und agieren Sie erfolgreich ethisch und nachhaltig.

Es ist entscheidend, wie bewusst und mit welcher Geisteshaltung Sie Ihre Entscheidungen treffen, wie entspannt oder gestresst Ihr Gewissen ist und wie wählerisch, dankbar und integer Sie im Alltag sind. Sie selbst kreieren Ihre Erfolgsquote bzw. die Dauer und Frequenz Ihrer Misserfolge. Wenn nämlich Ihre Gesinnung oder Ihr Handeln nach der Lektüre dieses Buches in irgendeiner Art und Weise unethisch oder ausbeuterisch bleiben, obwohl Sie es inzwischen besser wissen, liegt das daran, dass Sie einfach zu bequem für eine Umorientierung sind.

Sie denken vielleicht, Ihnen seien die Hände gebunden? Unsinn! Sie sind doch ein freier Mensch und kein Sklave – machen Sie Gebrauch von Ihrer Freiheit! Denken Sie um! Nicht alle Arbeitgeber unterstützen ein solches Umdenken, aber dann öffnen Sie sich für Neues! Sie können nicht erfolgreich sein, wenn Sie Ihre Kreativität und Geistesfreiheit verraten.

Bequemlichkeit paart sich gern mit Ängstlichkeit und beides schlägt sich auf den Arbeits- und Führungsstil nieder. Jemand, der es sich in seinem Denken und Handeln bequem macht, führt entweder sein Team, seine Beziehung, seine Ehe oder seine Finanzen schlecht oder arbeitet nachlässig.

Auch „Sparfüchsigkeit" zeigt sich im Job, und zwar dann, wenn Sie eine Extrameile gehen müssen und diese nicht schaffen, ohne zu murren und zu maulen.

Sollte Ihr unethisches Handeln aus purer Unwissenheit resultieren, bin ich mir sicher, dass Sie sich auch jobtechnisch nur begrenzt weiterbilden und eigenständige Fortbildung eher vermeiden (ganz zu schweigen von finanzieller Investition aus der Privatkasse).

! „What goes around comes around": Jeder trägt die Konsequenzen von Denken und Handeln.

Verändern der Gewohnheiten

Sobald Sie auch nur eine Ihrer täglichen Gewohnheiten gegen eine bessere austauschen, ändert sich in Ihrem Alltag etwas zum Positiven, was natürlich den Level an Freude und Gutgelaunt-Sein in die Höhe treibt. Flechten Sie Übungen, Rituale, neue Denk- und Sichtweisen in Ihren Alltag ein.

Struktur: Keine Sorge, Sie müssen Ihren geliebten Tagesablauf (noch) nicht umstellen, sondern ihm lediglich eine Form geben.

Übung: Tagesschau

Nehmen Sie sich innerhalb der nächsten zwei Tage 15 Minuten Zeit und überlegen Sie, was Sie vor dem Aufstehen machen, wie viel Zeit Sie an einem Stück im Bad verbringen, ob Sie frühstücken oder S-Bahn fahren und dabei frühstücken oder ob Sie nur Kaffee trinken, dabei Zeit auf Facebook verbringen und später noch mal ausgiebiger frühstücken. Was machen Sie ungestört, wovon lassen Sie sich unterbrechen, was führen Sie ohne Unterbrechung zu Ende? Eine solche Tagesschau kann Ihnen helfen, eine effizientere Struktur zu kreieren oder aber den derzeitigen Ablauf für gut zu befinden.

Ruheinseln: Work-Life-Balance kann nur dann stattfinden, wenn Sie den „Life"-Teil in die Zeit des „Work"-Teils integrieren. Das erfordert Disziplin, denn dafür ist es notwendig, innerhalb des hektischen Arbeitstages für kontemplative Pausen zu sorgen. Gewöhnen Sie sich an, auf Ihren Atem zu achten. Es mag zunächst wie ein weiteres lästiges To-do klingen, doch nach kurzer Zeit ist dies eine neue Gewohnheit.

Übung: Werden Sie sich Ihres Körpers bewusst

Unterbrechen Sie drei- bis viermal am Tag das, was Sie gerade tun, und richten Sie für fünf Sekunden Ihre volle Aufmerksamkeit auf das Spüren Ihrer Hände, Ihrer Füße, das Ausatmen. Danach machen Sie ganz normal weiter, nur ein kleines bisschen langsamer als vorher und mit ganzer Konzentration auf die einzelnen Bewegungen.

Grüner Bereich: Entlarven Sie Ihre Alltagskomfortzone, also die Tätigkeiten und Situationen, in denen sich für Sie alles im „grünen Bereich" befindet. Wenn Sie beispielsweise bei einer Unklarheit lieber erstmal eine E-Mail schreiben, dann greifen Sie beim nächsten Mal zum Hörer und rufen Sie an. Ist Ihnen das Getippe zu umständlich und bevorzugen Sie den direkten Weg, dann schreiben Sie beim nächsten Mal erst eine E-Mail, bevor Sie jemanden anrufen.

Übung: Dehnen Sie Ihre Komfortzone aus

Gewöhnen Sie sich daran, Dinge anders zu tun, als Sie es gewohnt sind, auch wenn Sie sich plötzlich nicht mehr so routiniert vorkommen. Nur so dehnen Sie den Bereich aus, in dem Sie sich wohlfühlen.

Energiediebe: Vermeiden Sie es, anderen die Zeit zu stehlen oder den letzten Nerv zu rauben. Und achten Sie darauf, dass das auch niemand mit Ihnen anstellt. Gestatten Sie einem Kollegen nicht widerstandslos, Sie von der Arbeit abzuhalten, sondern wehren Sie sich. Sagen Sie „Jetzt gerade nicht" und wenden Sie sich augenblicklich wieder Ihrer Arbeit zu. Haben Sie bitte keine Angst, unfreundlich zu erscheinen, nur weil Sie sich konzentrieren möchten.

Übung: Aufträge gezielt auswählen

Wenn Ihr Chef Ihnen stapelweise „eilige" Projekte auf den Tisch packt, ohne dass Sie aufmucken, dann üben Sie sich ab sofort in Sachen Charakterstärke. Seien Sie aufrichtig und erwachsen. Sagen Sie Ihrem Vorgesetzten rechtzeitig und mit einer lösungsorientierten inneren Win-win-Haltung, dass Sie die Arbeit nicht ohne Hilfe schaffen (Praktikant?) und dass Sie außerdem mehr Zeit brauchen werden. Verzichten

Sie dabei auf einen jammernden Unterton – sprechen Sie „aufrecht" und in Tatsachen. Wenn Sie nicht gewillt sind zu delegieren – warum sollten Sie dann jemals eine Führungsposition bekommen?

Wenn Sie selbstständiger Unternehmer sind, dann machen Sie sich ein exaktes Bild von Ihrer optimalen Kundschaft und fokussieren Sie sich auf diese. Sie werden schnell merken, wie die Menge der schwarzen Schafe abnimmt, wie Ihre Rechnungen auf einmal pünktlich bezahlt werden, wie Termine eingehalten werden und wie Sie einen guten Preis für Ihre gute Leistung einfordern können, ohne jedem x-beliebigen Kunden grundlos 30 % oder mehr entgegenzukommen, nur weil er Sie darum bittet und weil Sie vielleicht Angst haben, er käme sonst nicht wieder. Hören Sie auch auf, sich preislich mit anderen Dienstleistern Ihrer Branche zu vergleichen oder diese sogar unterbieten zu wollen. Sie müssen nicht Ihren Wert kennen, sondern den Wert Ihrer Leistung.

Die Leistung, die Sie erbringen, gibt es nun einmal nur von Ihnen. Übernimmt ein anderer die Aufgabe, ist es nicht mehr Ihre Leistung und das Ergebnis ist ein anderes. Kein besseres, kein schlechteres – ein anderes. Es ist ein anderes Miteinander, eine andere Wortwahl, eine andere Atmosphäre etc. Verzichten Sie ab sofort auf Kundschaft, die den Wert Ihrer Arbeit nicht schätzt und Ihnen das Gefühl gibt, die Leistung/Lösung, die Sie anbieten, sei weniger wert als Sie veranschlagen. Ich sage nicht, dass dies eine der leichtesten Übungen ist, aber sie ist eine der wichtigsten, wenn Sie erfolgreich und zufrieden sein wollen.

Weiterbildung: Hören Sie niemals auf, sich weiterzubilden – bleiben Sie an Ihrer eigenen Weiterentwicklung interessiert. Sie haben vielleicht lange genug die Schulbank gedrückt und eine Menge Berufserfahrung und dennoch sind Sie sich ab und an selbst fremd. Dann nämlich, wenn Ihnen Alltäglichkeiten misslingen, wenn negative Gefühle Sie blockieren und wenn Sie einfach nicht zu wissen glauben, was Sie als Nächstes tun sollen.

Übung: Bilden Sie sich weiter

Beschäftigen Sie sich mit sich selbst, denken Sie über Ihre Fähigkeiten nach und erfreuen Sie sich an diesen. Besuchen Sie Seminare und Workshops und investieren Sie in den Experten, der Sie sind. Lesen Sie Fachbücher, Biografien oder schauen Sie sich inspirierende Vorträge und Reden im Internet (z. B. TED.com) an.

Konsumverhalten: Hören Sie auf, Ihr Geld für wertlosen Krempel und minderwertiges Essen zu verschwenden, und investieren Sie stattdessen lieber in Werte. Sie sind es nämlich wert und haben das Beste verdient – wie jeder andere auch. Gehen Sie umsichtig und mit Bedacht mit Ihrem Geld um. Mit Bedacht bedeutet nicht, alles, was zu Ihnen kommt, zu horten („sparen"), sondern sich Gedanken zu machen, welcher Teil Ihrer Einkünfte wofür sein soll.

Übung: Mit Geld richtig umgehen

Den Großteil Ihres Einkommens werden Sie für Notwendigkeiten und Verbindlichkeiten ausgeben. Gewöhnen Sie sich dennoch an, wenigstens einen kleinen Teil Ihres Geldes für wohltätige Zwecke zur Seite zu legen, einen anderen kleinen Teil für Ihr persönliches monatliches Wohlbefinden auszugeben (Day Spa, Massage, Dinner, Hobby, Seminare, Literatur, …) und einen weiteren Teil zu investieren: in Ihre

Weiterbildung, Ihre Gesundheit, Ihren Erfolg und in passives Einkommen (Buch, DVD, Blog, Podcast, ...).

Entscheidungsfreude: Wichtige Entscheidungen wollen nicht übers Knie gebrochen werden, und dennoch plädiere ich für zackige Entschlussfreude. Das Bauchgefühl ist dabei meistens ein ziemlich zuverlässiger Helfer. Ihr Verstand nimmt ca. 40 Informationen pro Sekunde auf, wohingegen Ihre Intuition bis zu 40 Mio. Bit in derselben Zeit aufnimmt. Ihr Bauchgefühl ist Ihrem Verstand also immer einen gehörigen Schritt voraus, nur trauen Sie ihm oftmals nicht bzw. überlegen so lange hin und her, bis Sie nicht mehr auseinanderhalten können, welche Information nun vom Verstand und welche vom Bauch herrührt.

Übung: Münze werfen

Wenn es mal wieder so weit ist, dann werfen Sie eine Münze. Noch während sie fällt, werden Sie – wenn Sie aufmerksam sind – spüren, auf welche Seite Sie hoffen!

Auf den Punkt gebracht

Um dauerhaft erfolgreich, zufrieden und erfüllt zu sein, sind bestimmte Gewohnheiten notwendig. Es ist wichtig zu begreifen, dass jeder noch so nebensächlich erscheinende Gedanke und jede Handlung das Potenzial haben, Konsequenzen zu erzeugen, die sich entweder angenehm oder unangenehm anfühlen.

Stufe 4: Den Erfolgsturbo anwerfen

Sofern Sie die vorangegangenen Stufen in Ihrem Alltag bereits beherzigen, werden Sie eine Veränderung zum Positiven feststellen. Feiern Sie das! Beglückwünschen Sie sich! Erzählen Sie es weiter! Posten Sie es auf Facebook! Sie haben damit das Fundament gelegt für Stufe 4, denn die hat es in sich. Sie ist nicht nur herausfordernd, sondern viel mehr ist sie ein regelrechter Turbo. Für mein Geschäft, ist sie jedenfalls zum Dreh- und Angelpunkt geworden und sie erleichtert mir inzwischen in sämtlichen Geschäftsbereichen das Leben. Früher habe ich mal den Satz gehört: „Na, du machst es dir leicht – damit bist du ja schnell fertig." Damals habe ich diesen Satz als Affront verstanden, als leicht vorwurfsvolle Aufforderung, mich mehr zu bemühen, länger über eine Sache zu grübeln, sie nicht auf die leichte Schulter zu nehmen. Der Satz trieb mich in die Defensive und verärgerte mich. Das hat sich massiv geändert. Meine heutige Antwort darauf lautet schlicht und ergreifend: „Ja."

Überlegen Sie: Wenn die ersten 3 Stufen, also sachliche Erfolgsstrategie, mentale Stärke und positive Haltung, immer wirkungsvoll und völlig ausreichend wären, müsste jeder, der begeistert, integer sowie innen wie außen aufgeräumt ist, einen Wahnsinnserfolg haben. So ist es aber nicht. Ist das nicht interessant? Was ist da los?

Konkret geht es in diesem Kapitel um die Kombination „Management / Business & Spiritualität" auch „Karma Business" oder „Karmic Management" genannt. Noch vor wenigen Jahren hätte es niemand gewagt, diese beiden Themen zusammen zu bringen. Heute weiß man, dass alles Denken, jedes Wort und sämtliche Handlungen zu Konsequenzen führen („Karma"), dass alles energetisch mit einander verbunden ist, und dass alles auch ebensolche Auswirkungen hat (Spiritualität meets Quantenphysik). Haben Sie bitte keine Scheu vor dem Wort „Spiritualität" – sie ist meiner Erfahrung nach sehr bodenständig, nützlich und natürlich. Anders als bei den Weltreligionen handelt es sich hier um den Glauben an Ihre **eigenen** Erfahrungen und nicht an den Glauben an die Erfahrungen einer anderen Person. Die Quantität glücklicher Fügungen lässt sich durchaus beeinflussen. Doch Obacht: Sie können die uralten spirituellen „Regeln" im Business zwar für sich nutzen, wollen Sie diese jedoch zu Ihrem alleinigen Vorteil be-nutzen, wird das Unterfangen nicht funktionieren. Machen Sie sich frei von Konkurrenzdenken. Es ist genug für Sie da. Bleiben Sie großzügig. Denken Sie universell und global. Behalten Sie das Prinzip von Ursache und Wirkung im Hinterkopf.

Regel 1: Kümmern Sie sich um sich selbst

Um erfolgreich zu sein, ist es notwendig Verantwortung für sich selbst zu übernehmen. Nehmen Sie Ihre eigenen Körpersignale ernst. Wenn Sie eine Pause brauchen, dann – um Himmels Willen – machen Sie eine! Wer soll diese Pause denn sonst für Sie machen? Versuchen Sie es mit der 20-Sekunden-Pause. Und machen Sie diese oft und mehrmals hintereinander. Bewegen Sie sich und ernähren Sie sich gut, gesund und anständig. Betrachten Sie Ihren Körper als Ihren Tempel und als ein Mini-Abbild des gesamten Universums mit den selben Gesetzen bestehend aus den selben Molekülen, Atomen und Wellen. Gehen Sie pfleglich mit ihm um und hören Sie hin. Schimpfen Sie nicht über Husten, Schnupfen, Zipperlein, sondern hinterfragen Sie die Symptome. Was will Ihr Körper von Ihnen? Er ist kein dummes Stück lebendiges Fleisch, sondern steckt voller Botschaften. Gewöhnen Sie sich eine Stille-Routine an, sprich: meditieren Sie. Das ist kein New-Age-Gefasel, und auch nicht das neu erfundene Rad. Meditation führt Sie in die Gelassenheit, in die Klarheit, in die Kraft. Punkt. Lernen Sie's, üben Sie's, machen Sie's. Es ist nicht kompliziert und es ist kein Hexenwerk.

Christoph L., Journalist

In einer Sitzung mit Christoph führte ich ihn durch eine Meditation, um ihm zu Klarheit zu verhelfen. Sie müssen sich vorstellen, dass Christoph zu dieser Art Journalisten gehörte, die jederzeit überall und vor allem immer am Puls der Zeit sind. Diese Hektik strahlte er auch aus und eben so verwirrt war er. Er wußte überhaupt nicht mehr, was er eigentlich wollte: schreiben, auswandern, ein eigenes Magazin herausbringen, Urlaub machen oder Hausmann sein. Ich zeigte ihm zum einen eine Erdungs-Übung sowie ein paar Methoden, mit denen er sich auch ohne meine Anleitung in einen meditativen Zustand versetzen konnte. Das war vor 2 Jahren und er hat diese Stille-Momente fest in seinen Tag integriert. Er hat inzwischen ein Buch geschrieben, arbeitet weniger, lässt sich dafür aber besser bezahlen und hat nicht mehr das Bedürfnis ins Ausland flüchten zu MÜSSEN.

Wenn Sie schon einmal geflogen sind, kennen Sie diese Ansage: „Im Falle eines Druckverlustes fallen automatisch Sauerstoffmasken aus der Kabinendecke. In diesem Fall ziehen sie bitte eine der Masken zu sich heran und drücken Sie die Öffnung fest auf Mund und Nase. **Danach** assistieren Sie bitte mitreisenden Kindern." Sie können niemandem helfen, wenn Sie verwirrt, verunsichert, ausgepowert und unausgeglichen sind. Und in einem solchen Zustand sind Sie weder ein guter Geschäftsführer, noch ein guter Mitarbeiter noch ein guter Dienstleister. Ihr Erfolgsstatus und Ihr Kontostand reflektieren einfach nur Ihre bisher gesäten Samen sowie Ihr bisheriges Verantwortungsbewusstsein sich selbst und anderen gegenüber.

Übung: Sich erden

Stellen Sie sich hin, Füße hüftbreit. Schließen Sie die Augen und atmen Sie ein paar Mal tief durch. Lassen Sie die Schultern sinken. Richten Sie Ihre Aufmerksamkeit auf Ihre Fußsohlen und darauf, wie diese den Boden berühren. Spüren Sie auch, wie der Boden Sie zurückberührt. Lassen Sie nun gedanklich Wurzeln aus Ihren Fußsohlen wachsen. Sehen Sie vor Ihrem inneren Auge, wie sich Ihre Wurzeln ihren Weg durch den Boden, durch das Haus, durch den Keller ins Erdreich bahnen. Tiefer und tiefer. Kilometerweit in Richtung Erdkern. Spüren Sie es. Sehen Sie es. Und hier am Erdkern verankern sie sich. Schwanken Sie minimal nach vorn und zurück. Spüren Sie, wie Sie von der Erdanziehung gehalten werden. Stellen Sie sich nun vor, wie Ihre Wurzeln in rasender Geschwindigkeit wohltuende Lebensenergie aus der Erde ziehen, wie Strohhalme, wie diese Energie in Ihren Körper eintritt und sich hier von unten nach oben verteilt. Immer höher und höher bis diese Energie Ihre Schädeldecke erreicht und wie eine Fontäne aus Ihrem Scheitelpunkt, dem so genannten „Kronen-Chakra" sprudelt und Sie auch von außen umhüllt. Atmen Sie erneut tief ein und aus.

Regel 2: Erst die anderen, dann Sie selbst

Das mag widersprüchlich zu Regel Nr. 1 klingen, ist es jedoch nicht. Schauen Sie: Ich habe für Sie einmal ein Sprichwort von seiner Negativität befreit und es umformuliert.

> **!** Was du gern willst, das man dir tu, das füg erst jemand anderem zu.

Durch diese kleine kosmetische Veränderung bekommt es gleich eine andere Energie. Es konzentriert sich nicht mehr auf das Vermeiden von Schlechtem, sondern um das Anziehen von Angenehmem. Allerdings fordert es in dieser Variante auch dazu auf, aktiv zu werden. Die Ursprungsversion fordert dazu auf, passiv zu sein und durch die Passivität niemandem zu schaden, was ja per se schon mal nicht verkehrt ist. Doch in dieser Form werden Sie dazu aufgerufen, jemandem zunächst etwas Gutes angedeihen zu lassen, um es ebenfalls zu bekommen – wenn auch von anderer Stelle. Es heißt ja nicht „What goes in one direction, comes right back to you" sondern „What goes around comes around". Das Prinzip des Kreises. Sie müssen den Ball also erst loslassen und in den Kreislauf geben, damit er zu ihnen zurückfindet.

Übung: Karmic Businesspartner

Machen Sie sich eine Liste über alle Personen, mit denen Sie zusammenarbeiten: Chef, Kollegen, Lieferanten, Auftraggeber, Kunden und – ganz essentiell – die Welt, unsere Erde. Schreiben Sie auf (z.B. auch mit Pfeilen versehen), wer was für wen tut und wer in wie fern für wen von Vorteil ist. Ergänzen Sie nun diese Liste oder dieses Schaubild: Fügen

Sie hinzu, wie Sie persönlich für all diese Partner von Vorteil sind oder ab heute sein können und wollen und wie Sie dazu beitragen wollen, dass es diesen Personen sowie der Welt, der Erde, Ihretwegen gut geht. Das müssen keine großen Dinge sein. Kleine Konkrete Impulse Ihrerseits, die Ihren karmischen Geschäftspartnern ein gutes Gefühl geben und mit denen Sie deren Arbeit und deren Tun anerkennen. Unterlassen Sie es, von Ihren karmischen Geschäftspartnern einzufordern, sie sollten sich „mehr Mühe" geben. Sie ahnen schon warum, oder?

Regel 3: Hören Sie niemals auf zu lernen

Lernen bedeutet Wachstum. Doch was passiert in der Natur mit Dingen, die aufhören zu wachsen und kräftiger zu werden? Genau: sie werden schwach und sterben. Ich empfehle Ihnen von ganzem Herzen, immer ein gewisses Budget zur Seite zu legen für Ihre Weiterbildung und für das Entdecken neuer Fähigkeiten – egal, ob Sie ein Instrument lernen, Gebärdensprache, Kochen oder Reiten nach Pat Parelli. Investieren Sie einen Teil Ihres Einkommens in Bücher, Seminare oder Einzel-Sitzungen / -unterricht. Tauchen Sie ein in Wissenschaft, Technik, andere Religionen, den Finanzmarkt, Mythologie und die Mysterien universeller Gesetzmäßigkeiten. Lesen Sie jeden Tag mindestens eine Seite über ein Thema von dem Sie heute noch keinen Schimmer haben und denken Sie über dieses Thema nach. Finden Sie einen spirituellen Lehrer und fragen Sie sich, was die Schriften der unterschiedlichen Weltreligionen mit Ihnen zu tun haben. Überlassen Sie Weisheit nicht einfach „den Weisen", sondern finden Sie Ihre Eigene.

Regel 4: Kein Abwägen – Instinkt ist Trumpf

Ich habe diese Thematik zuvor schon angesprochen. Sie erinnern sich? Die Sache mit der geworfenen Münze und dem Bauchgefühl. Wenn Sie eine Entscheidung treffen müssen, sagt Ihnen Ihr Verstand, dass entweder Weg A oder aber Weg B scheitern könnte. Ihr Bewusstsein rechnet mit der Möglichkeit, dass eine Variante die nicht-funktionierende ist. Wenn Sie eine erfolgreiche Person fragen, wie Sie ihre Entscheidungen trifft, woher sie also weiss, dass Weg A für sie funktionieren wird, dann werden Sie hören, „Ich weiss es nicht. Ich habe einfach so ein Gefühl". Die Wahrheit ist, dass vermutlich beide Wege funktionieren sofern die Handlungen der Person qualitativ hochwertig gefüllt sind. Es ist wie mit einem Kugelschreiber – ist er voll, schreibt er. Ist er leer, funktioniert er nicht. Es liegt dann aber nicht am Stift, sondern an der fehlenden Tinte. Wenn Sie Ihre Gedanken, Ihr Sprechen und Ihre Handlungen mit Qualität aufladen, brauchen Sie keine Entscheidungen mehr abzuwägen, bevor Sie eine treffen. Ihr Vorhaben wird gelingen, wenn Sie voll sind mit Tinte – egal, welchen Weg Sie einschlagen. Daraus entstehen (Selbst-)Vertrauen, der Glaube an die eigene Urteilskraft und die eigenen Fähigkeiten sowie Entschlussfreude.

Regel 6: Nicht neiden, nicht urteilen

Auch über Neid sprach ich bereits. Was ich jedoch noch nicht erwähnt habe ist, dass das, was ggfs. Neid in Ihnen hervorrufen könnte, ein Indikator dafür ist, dass Sie kurz davor sind, das zu erreichen, was Sie einer anderen Person gerade neiden. Andernfalls würde sich nämlich der Neid-Faktor Ihrer Aufmerksamkeit entziehen. Wenn Sie also jemandem beim Befördert-Werden zusehen dürfen, dann knirschen Sie nicht mit den Zähnen, sondern freuen Sie sich, denn bald sind Sie an der Reihe. Wenn Sie Dinge sehen, die Ihnen gefallen, die Sie sich aber gerade nicht leisten können, dann freuen Sie sich, dass sich diese Dinge in ihr Energiefeld gedrängt und ihre Aufmerksamkeit eingefordert haben, denn Sie sind ganz kurz davor, sich Ihren Traum erfüllen zu können. Freude über das, was andere haben ist ein Beschleuniger, Neid über das, was andere haben ist ein Erfolgskiller, die Sie auf der Stelle zurück auf „Start" schleudert, bzw. dafür sorgt, dass Sie sich übergangen fühlen. Beginnen Sie, an Phänomene zu glauben und sich auf diese zu verlassen. Sie sind wahrlich phänomenal!

Eine Kollegin, die ihr Haar auf den Zähnen trägt und bissig zu Ihnen ist, wie der Pitbull eines schlechten Herrchens mag in Ihren Augen die Anerkennung der Chefin vielleicht nicht verdient haben, in den Augen der Chefin hat sie diese jedoch sehr wohl verdient. Wer hat Recht? Sie oder Ihre Chefin? Ist die bissige Kollegin nun eine gute Mitarbeiterin oder ist sie es nicht? Sie ist das, zu was Sie sie machen. Nicht mehr und nicht weniger. Wirft man einer Katze ein Wollknäuel zu, fängt sie auch nicht an zu stricken, sondern erkennt ganz klar darin ein Spielzeug, welches es zu entwirren gilt. Für die

Katze ist Wolle eben etwas Anderes als für Sie. Die Wolle hat die Bedeutung, die Sie ihr geben.

Regel 7: Re-investieren Sie

Ein Teil der Erträge (ca. 10%) werden niemals, niemals, niemals zur eigenen „Sättigung" verwendet, egal wie betrüblich die Lage auch sein mag. Das ist eine uralte Bauernregel aus einer Zeit, als das Aussäen noch von Hand erledigt wurde. Ein Teil der Ernte wurde immer zurück gehalten und als Saat für's nächste Jahr genutzt. Wenden Sie diese Regel an und stecken Sie jährlich einen Teil Ihrer Einnahmen in das nachhaltige Wachstum Ihres Unternehmens. Und zwar investieren Sie diese Saat in Ihre karmischen Businesspartner. Laden Sie sie zum Dinner ein, spendieren Sie ein Gartenfest, optimieren Sie die Bürostühle der Mitarbeiter, verschönern Sie Ihre Praxis, etc. Füllen Sie sich und Ihre Handlungen mit Tinte!

Auf den Punkt gebracht

Führen Sie Ihr Berufsleben, ihr Geschäft, ihr Team geistreich, inspiriert und spirituell. Meditieren Sie, verhelfen Sie jemandem zum Erfolg, lernen Sie, erfreuen Sie sich am Glück anderer und investieren Sie weise.

Fragen & Antworten

Für geschäftlichen Erfolg sind Herzblut und Leidenschaft die halbe Miete. Die andere Hälfte besteht aus nachhaltigen Business-Strategien und Geduld.

Mein Beruf erfüllt mich nicht. Was kann ich ändern?

Wenn es wirklich am Beruf liegt und nicht nur am Arbeitgeber, dann satteln Sie konsequent um und lassen Sie sich dabei beraten und helfen. Liegt es jedoch lediglich am derzeitigen Jobumfeld, dann wechseln Sie schnellstmöglich entweder den Arbeitgeber oder ändern Sie Ihre innere Einstellung bzw. Ihre Gewohnheiten. Die Übungen in diesem Buch helfen Ihnen dabei. Treffen Sie eine faire Entscheidung für Ihr höchstes Selbst und werfen Sie zur Not eine Münze. Sie werden dabei schon merken, wonach Ihre Intuition schreit.

Ich bin Künstler, kann davon aber nicht leben. Und jetzt?

Seiner Leidenschaft nachgehen zu können und dabei richtig gut Geld zu verdienen, ist möglich und gleichzeitig auch wahrer Luxus. Sollte dies das erste Mal sein, dass Sie sich mit dem Thema „Luxus" auseinandersetzen, diesen aber gerne so weit in Ihr Leben integrieren wollen, dass Sie wenigstens entspannt von Ihrem Einkommen als Künstler leben können, dann beschäftigen Sie sich weiterhin mit diesem Thema. Überlassen Sie diese Dinge nicht allein Ihrer Agentur. Viele Künstler bedenken gar nicht, dass sie auch Unternehmer sein müssen, wenn sie von ihrer Kunst hervorragend leben wollen.

Ich bin jung und werde von meinem Team nicht als Chef(in) akzeptiert. Was mache ich falsch?

Vermutlich zweifeln Sie selbst noch zu sehr an diesem neuen Posten, kann das sein? Versuchen Sie, Ihr Team einmal als Pferdeherde zu sehen: Das Leittier muss gewillt und in der Lage sein, Gefahren im Voraus zu erkennen und sich ggf. todesmutig vor ein Herdentier zu stellen. Das Leittier muss sich seiner Kraft und Ausdauer sowie seiner Verantwortung bewusst sein. Das Leittier wächst bereitwillig über seine Grenzen hinaus, wenn es notwendig ist, es würde sich jedoch niemals sinnlos verausgaben. Sie müssen sich selbst den Chefsessel zutrauen und diese Position mit einem durch und durch positiven Image versehen. Achten Sie mehr darauf, wie Sie sich sehen. Das Team wird dies für Sie reflektieren.

Ich kann meinen Job nicht einfach hinschmeißen – ich habe Familie! Aber die Arbeit macht mich langsam fertig.

Sie glauben, diesen Job zu brauchen. Das stimmt aber nicht. Niemand auf der Welt braucht einen Job, der ihm nicht guttut oder ihn sogar krank macht. Eines Ihrer Grundbedürfnisse ist finanzielle Sicherheit, und Sie gehen felsenfest davon aus, dass nur dieser eine Arbeitgeber Ihnen diese Sicherheit geben kann. Irrtum! Es gibt unendlich viele Möglichkeiten, wie Sie sich aus dieser Sackgasse befreien können. Manchmal braucht es dazu einen Coach, der die Situation emotionsfrei von außen betrachten kann, um Ihr kreatives Potenzial anzuregen. Aber denken Sie jetzt erst einmal darüber nach, wie Sie sich neben der Arbeit noch eine weitere (passive) Einkommensquelle aufbauen können. Sie investieren Zeit, die sich am Ende jedoch für Sie auszahlen kann. Immerhin haben Sie Know-how in Ihrem Fachbereich – verbreiten Sie es! Machen Sie auf sich aufmerksam und sorgen Sie dafür, dass Sie gesehen werden. Und allem voran: Seien Sie, falls Sie Familie haben, 90 Tage lang brillant als Ehepartner und Elternteil. Das ist nämlich Ihr eigentlicher Job. Wenn Sie sich 90 Tage lang selbst auf einer Skala von 0 bis 10 eine glatte 10 als Partner und Vater/Mutter geben würden, dann werden Sie sich erfolgreich fühlen, und die Chancen stehen gut, dass sich dies auch in Jobmöglichkeiten widerspiegelt.

Ich möchte passives Einkommen generieren, verstehe aber nicht viel vom Finanzmarkt. Was gibt es sonst noch?

Ein paar Ideen: Werbeeinnahmen über Blog, YouTube-Tutorials oder über eine speziell für diesen Zweck kreierte Website/Landingpage. Sie können auch ein Buch schreiben und es als E-Book verkaufen. Sie brauchen nicht unbedingt einen Verlag ins Boot zu holen. Oder wie wäre es mit Domain-Verkauf? Sie kaufen eine Domain und verkaufen diese gewinnbringend auf einer Seite wie z. B. sedo.de weiter. Ich meine mich zu erinnern, dass die Domain „Kaufhausdersinne.de" ursprünglich um die 30 Euro gekostet hat und für mehrere Hundert Euro weiterverkauft wurde. Sie können auch in automatische Massagesitze investieren und diese in Einkaufszentren aufstellen – zehn Minuten Massage für zwei Euro. Der Fantasie sind wirklich keine Grenzen gesetzt. Meine Eltern bieten zwei Zimmer ihres Hauses zahlenden Gästen als geschmackvoll behagliche Unterkunft an, denn sobald das Wetter schön ist, sind viele Radwanderer im Sauerland unterwegs. Großartig! Auch Sie können Ihre Räume für zahlende Gäste zur Verfügung stellen. Lassen Sie sich von Seiten wie airbnb.de inspirieren.

Ich bin von meiner Arbeit so erschöpft, dass ich abends gar keine Energie mehr für etwas anderes habe.

Beginnen Sie damit, noch während Ihres Arbeitstages mindestens zu jeder vollen Stunde Ruhe einkehren zu lassen. Atmen Sie und spüren Sie Ihre Füße auf dem Boden. Im Internet gibt es die „One-Moment Meditation" – googeln Sie die mal. Gewöhnen Sie sich die Achtsamkeitsübungen aus diesem Buch an (oder von mir aus auch andere, die Sie im Internet finden). Denn wenn Sie abends nicht vollends erschöpft sein wollen, dann müssen Sie noch während der Arbeit auftanken. Erfolg ist die Folge guter Ideen und gute Ideen sind die Folge von Gelassenheit. Genau das ist Ihr persönlicher erster Schritt: der erste Schritt zu mehr Gelassenheit. Mein erstes Buch dazu bekommen Sie in allen Onlineshops. Es hat den gleichen Umfang wie dieses hier. Also: Erst die Gelassenheit, dann der Erfolg.

Klingt alles so einfach und logisch, aber wenn die Kollegen und der Chef nicht mitziehen, bleibe ich mit aller meiner Ethik ganz schön auf der Strecke.

Nein. Sie bleiben nicht auf der Strecke. Im Gegenteil: Sie wachsen über sich hinaus. Alles beginnt immer mit Ihnen selbst – unabhängig davon, ob andere mitziehen oder nicht. Ihr Leben weist Sie unmissverständlich darauf hin, dass es Zeit für eine gehörige Umorientierung und für erneutes Wachstum ist. Und das erfordert Mut. Und Selbstreflexion. Und Entschlossenheit. Und Selbstachtung. Und Klarheit. Und Zuversicht. Und Glaube an das Gute. Und Selbstvertrauen. Und eine gute Intuition. All das lässt sich in jeder Lebenslage, mit jedem Budget und in jedem Alter schulen und optimieren. Es kommt nicht darauf an, was Sie vermeintlich brauchen. Es kommt darauf an, was Sie wollen. Unzufriedenheit im Job ist immer eine Konsequenz aus vergangenem Denken und Handeln und ein Resultat vergangener Entscheidungen. Und die wenigsten, die sich in einer misslichen Jobsituation befinden, wollen dies wahrhaben. Manch einer wünscht sich nämlich, dass „die anderen" erst einmal mit gutem Beispiel vorangehen und er bequem hinterhertrotten kann. Doch es funktioniert anders. In ein unethisch orientiertes Team auf Dauer nicht mehr hineinzupassen, ist definitiv kein Auf-der-Strecke-Bleiben!

Ich fühle mich den Anforderungen und dem rauen Ton in unserer Firma nicht mehr gewachsen, kann aber jetzt nicht einfach kündigen. Ich traue mich nicht.

Ihre Ängste sind verständlich und dennoch unnötig. Ich kann nur aus eigener Erfahrung und von den Beobachtungen aus meinen Coachings sprechen: Wer aus Fairness zu sich selbst den Job aufgibt, um für etwas Besseres Platz zu schaffen, fällt entweder sehr weich oder hüpft direkt ein Stück nach oben. Ich kenne niemanden, der mittellos geworden ist, nur weil er fest entschlossen war, sich umzuorientieren, etwas zu tun, was ihm Freude und Erfüllung bringt und weil er seinen eigenen Wert erkannt hat und diesem gerecht werden wollte. Bringen Sie sich mit den vorgeschlagenen Mentalübungen in den kommenden vier bis acht Wochen Stück für Stück in eine positive, starke, zuversichtliche Stimmung und fällen Sie eine Entscheidung zu Ihrem Wohl. Verzweiflungsentschlüsse sind selten gut, da gebe ich Ihnen recht. Deshalb treffen Sie Ihren Entschluss aus Liebe und aus einem Gefühl der Stärke und Zuversicht heraus. Trainieren Sie das.

Worauf sollte ich täglich achten, wenn ich Erfolg will?

- Machen Sie exakt das, was Sie richtig schwierig finden.
- Checken Sie Ihre Geschäfts-E-Mails niemals außerhalb der Bürozeiten und niemals vor 10:00 Uhr. Sie wissen schon warum.
- Führen Sie endlich dieses eine unangenehme Telefonat.
- Wagen Sie etwas, was sonst niemand wagt.
- Lassen Sie sich keinesfalls von der Möglichkeit einer Blamage aufhalten.
- Liefern Sie ein Ergebnis statt einer Ausrede. Egal wie.
- Seien Sie fair zu den Leuten, die unfair zu Ihnen sind.
- Ruhen Sie sich täglich aus.
- Stehen Sie zu Ihrem Wort und zu Ihren Taten.
- Geben Sie sich nicht mit „Expertenmeinungen" zufrieden. Prüfen Sie nach!
- Integrieren Sie Affirmationen, stille Augenblicke, Danksagung und Achtsamkeitsübungen in Ihren Joballtag.
- Nehmen Sie Rücksicht. Aber nicht immer.
- Seien Sie diszipliniert, aber seien Sie nicht streng und kleinlich zu sich selbst.
- Bitten Sie niemals jemanden um Erlaubnis – bitten Sie lieber einmal mehr um Verzeihung.
- Lassen Sie sich von erfolgreichen Menschen inspirieren.

- Lenken Sie Ihre Aufmerksamkeit auf etwas, das Sie zum Lächeln bringt – eine Idee, ein Foto, ein Erlebnis, einen Gegenstand, einen Satz, eine Albernheit ...

Auf den Punkt gebracht

Wenn Sie das, was Sie glauben zu wissen, im Alltag nicht anwenden, wissen Sie im Grunde gar nichts. Es sind ausschließlich eigene Erfahrungen, die Sie weiterbringen. Meine persönliche Empfehlung darüber hinaus: Wenn Sie etwas tun, dann tun Sie es mit Liebe im Herzen. Wenn Sie etwas lassen bzw. darauf verzichten, etwas zu tun, dann unterlassen Sie es aus lauter Liebe zu etwas anderem. Hauptsache Liebe. Immer. Probieren Sie es – und wenn Sie im Alleingang nicht weiterkommen, dann scheuen Sie sich nicht, mit mir in Kontakt zu treten!

Die Autorin

Katja Niedermeier arbeitete bei einem TV-Sender in Toronto, war als PR-Managerin in der Musikindustrie tätig (u. a. für Rihanna, Rammstein, Simply Red) und gründete 2001 ihr Büro „K8 Target Class – Empowerment Coaching & Caring". Seit zwölf Jahren gibt sie Interviewtraining und verhilft ihren Klienten zu mehr Gelassenheit und Erfolg, egal ob im Alltag, im Job oder vor der Kamera. 2012 veröffentlichte sie den Ratgeber „Gelassenheit im Job", der es bis auf Platz 1 der Amazon-Bestseller schaffte. Die gebürtige Sauerländerin betreut Klienten in ganz Europa sowie in den USA, Kanada und den Vereinigten Arabischen Emiraten und lebt mit Mann und Tochter in Berlin. Weitere Infos unter www.katja-niedermeier.de.

Impressum:
Verlag C. H. Beck im Internet: www.beck.de
ISBN: 978-3-406-66826-5

Wilhelmstraße 9, 80801 München

Lektorat: Text + Design Jutta Cram, 86157 Augsburg, www.textplusdesign.de
Umschlaggestaltung: Bureau Parapluie, 85253 Großberghofen
Umschlagbild: © skynesher – istockphoto.com
Satz: Fotosatz Buck, Kumhausen
Druck und Bindung: Beltz Bad Langensalza GmbH
Neustädter Str. 1–4, 99947 Bad Langensalza

Gedruckt auf säurefreiem, alterungsbeständigem Papier
(hergestellt aus chlorfrei gebleichtem Zellstoff)